KB195024

업무시간을 반으로 줄이는

챗GPT 글쓰기

업무시간을 반으로 줄이는

챗GPT 글쓰기

남보다 빨리 퇴근하고
먼저 승진하는 AI 글쓰기 전략

정태일 지음

천그루숲

저는 지난 20년 남짓 크고 작은 5곳의 회사에서 보도자료, 사사社史, 사훈社訓, 자서전 등 온갖 글을 썼습니다. 지금은 사장님의 말과 글을 맡아 쓰는 스피치라이터Speech Writer로 일하고 있는데, 여태껏 회사에서 써온 글의 분량은 연간 거의 21만 자쯤 됩니다. 퇴근 후에는 글쓰는 직장인의 인사이트와 수만 가지 일상 리뷰를 브런치에 올립니다. 주말과 휴가 때는 그동안의 글을 정리해 3년 주기로 책을 써 왔고, 그렇게 낸 책이 벌써 6권이나 됐습니다.

이쯤 되면 군살이 제법 박혀 뭐든 척척 군말 없이 써낼 법도

한데, 저에게도 글쓰기는 항상 어렵습니다. 같은 주제도 매번 다르게 접근해야 하기 때문에 '조금이라도 쉽고 빠르게 적정 수준 이상의 글을 써내는 방법은 없을까?' 남몰래 고민합니다. 연말연시에 신년사와 창립기념사로 바쁠 때는 '누가 나 대신 초안만 대충 좀 써줬으면 좋겠다'는 생각이 비 오는 날 파전 생각처럼 너무나도 간절해집니다.

그런데 이런 고민이 저 혼자만의 문제가 아니더군요. 제 주변의 많은 직장인들도 보고서, 기획안, 이메일, 회의록 등 수많은 글쓰기 업무에 치여 살고 있거든요. 회사를 다니는 이상 '글쓰기'라는 숙명적 스트레스를 피할 방법이 없으니 어떻게든 잘해내는 수밖에 없습니다.

저는 '직장인의 글쓰기'라는 주제에 대해 누구보다 치열하게 고민했습니다. 그러던 중 2022년 말 챗GPT와 처음 만났습니다. 기대를 엄청 했는데, 처음엔 무척 실망스러웠습니다. 요란한 명성에 비해 너무 시시하더라고요. 단순히 암기 잘하는 어린아이가 어른 흉내를 내는 듯 보였습니다. 나중에 3.0이란 꼬리표를 달고 와서는 조금 그럴듯하게 바뀐 듯 보였습니다. 마치 교육을 잘 받은 엘리트로 성장한 듯했지만, 역시나 자꾸 철 지난 이야기만 하고, 가끔씩은 너무나도 뻔뻔하게 헛소리도 많이 했습니다.

2024년 GPT-4와 다시 만났을 땐 정말 놀랐습니다. 'MIT 공대생 출신의 글쓰기 비서'를 단돈 20달러에 고용한 기분이었습니다. 거대한 국립도서관이 그대로 담겨 있었습니다. 아직 세상 경험이 부족하고 눈치가 좀 없지만 정말 성실하고 똑똑합니다.

2025년 기준으로 지금은 한층 발전된 GPT-4.o(옴니)라는 게 나왔고, 중국에서 DeepSeek라는 경쟁자도 등장했으니 앞으로 생성형 AI가 만드는 글쓰기 패러다임이 어떻게 변할지 궁금하고 더 기대가 됩니다.

제가 생각하는 챗GPT의 가장 큰 매력은 불평을 안 한다는 점입니다. 밤늦게까지 질문을 수백 개 던져도 지겨운 기색 하나 없이 대답을 척척 내놓습니다. 물어볼수록 더 똑똑해집니다. 이러다가 나중에 사람들의 수염을 쥐고 흔들까, 혹 갑자기 비싸지는 건 아닐까 걱정이 됩니다.

이 책《업무시간을 반으로 줄이는 챗GPT 글쓰기》에는 20년 남짓 오직 글쓰기로만 대기업과 공기업에서 먹고 살아온 현직 스피치라이터의 고민과 경험, 그리고 챗GPT와 함께해 온 혁신적 결과물들이 오롯이 담겨 있습니다. 글을 써야 먹고사는 치열한 밥벌이 현장에서, 저와 챗GPT는 수없이 많은 질문과 답을 주고받으며, 울고 웃으며 한 몸처럼 대화했습니다. 그리고 저만 알고 있기 아까운 실전 경험과 노하우를 바탕으로, 어떻게 하면 챗GPT를 활용해 회사에서 글을 더 빨리 잘 쓸 수 있는지에 대한 비법을 낱낱이 공개하고자 합니다.

Part 1에서는 챗GPT의 특성과 기본원리, 프롬프트의 개념과 구성, 그리고 최적의 글쓰기 결과물을 만들어 낼 수 있는 질문공식을 살펴봅니다. 특히 생각의 사슬을 통해 질문을 이어가며 답을 찾아가는 과정, 챗GPT가 묻고 사용자가 거꾸로 답하면서 생각을 발전시켜 가는 방법, 그리고 인공지능의 헛소리를 피하고 활용하는 요령에 대해 알려드립니다.

Part 2에서는 사장님 열 분을 모시고 나서야 드디어 깨우친 직장인 글쓰기의 기본원칙을 몽땅 풀어놓습니다. 직장인의 글쓰기가 문학적 글쓰기와 '왜' '무엇이' '어떻게' 다른지, 아부를 잘하면 왜 글도 잘 쓰는지를 흥미롭게 소개합니다. 이걸 알고 모르고는, 인생을 처음 사는 것과 두 번 사는 것만큼의 큰 차이가 있습니다.

Part 3은 실전입니다. 직장에서 자주 만나는 자기소개서, 이메일, 보고서, 회의록부터 보도자료, 사과문, 그리고 프레젠테이션과 리뷰 및 칼럼까지 다양한 유형의 글쓰기 전략과 실전 프롬프트를 구체적 예시와 함께 설명합니다. 여기서 익힌 프롬프트를 다양하게 조합하면서 비즈니스 라이팅의 원칙을 머릿속에 기억해 두면 글쓰기가 한결 쉬워집니다.

Part 4에서는 생성형 AI를 넘어서는 진짜 고수들의 숨겨진 글쓰기 비법을 소개합니다. 챗GPT가 절대 못 쓰는 걸 어떻게 쓸 수 있는지, 회사의 글쓰기 고수들이 꼭 지키는 루틴이 무엇인지, 스탠드업 코미디와 좋은 글쓰기의 공통점이 무엇인지를 흥미롭게 알려드립니다.

끝으로 Part 5에서는 상위 5%의 고수로 도약하는 글쓰기의 새로운 가능성을 알려드립니다. 링크드인을 타고 회사 밖으로 멀리 나아가고, 나만의 글쓰기 자산을 차곡차곡 만들고, 내 이름으로 된 책을 쓰는 '월급쟁이 작가'의 여정을 자세하게 안내합니다.

바쁘신 분들은 필요한 부분만 찾아 읽으셔도 괜찮습니다. 꼼꼼하게 살펴보고 싶다면 당연히 순서대로 읽는 게 가장 좋습니다. 재미있고 생생한 직장 에피소드 속에 의미와 지식을 꾹꾹

눌러 담았습니다. 직장인 글쓰기에 대한 제 오랜 고민과 경험, 그리고 작은 성취가 글쓰기로 고민하는 독자분들께 실질적인 도움이 되길 바랍니다.

사랑하는 독자님들과 이 책을 들고, 종로와 신촌의 노포에서 퇴근 후 소주잔을 기울일 그날을 기대합니다. 저는 온전히 독자님의 편입니다. 글쓰기로 회사에서 인정받고, 회사 밖에서 새로운 기회를 만들고 싶다면, 지금 바로 이 책을 읽어 보세요.

글쓰는 여행자 정태일

차례

PART 2

YES를 부르는 비즈니스 라이팅의 절대원칙

PART 3

퇴근이 2시간 빨라지는 유형별 글쓰기 프롬프트

PART 4

AI를 뛰어넘는 진짜 고수의 글쓰기 비법

PART 5

회사 밖으로 확장되는 퍼스널 라이팅

일러두기 〉
《업무시간을 반으로 줄이는 챗GPT 글쓰기》에는 회의록, 보고서, 이메일 등 실무에서 바로 활용할 수 있는 유용한 챗GPT 프롬프트가 다수 수록되어 있습니다.
QR코드를 스캔하면(또는 https://bit.ly/챗GPT글쓰기) 이 책에 수록된 모든 프롬프트를 다운로드할 수 있습니다. 필요에 맞게 변형해 실무에 바로 적용해 보세요. 글쓰기의 속도와 결과물의 수준이 확실히 달라집니다.

챗GPT와 함께하는
직장인 글쓰기

Writer's Pick

생성형 AI는 라디오나 TV와 다르다.
인류 역사상 스스로 결정을 내리고
새로운 아이디어를 창출해 낼 수 있는 최초의 도구다.
새로운 음악도 작곡할 수 있고,
정치가의 연설문도 작성할 수 있다.
심지어 스스로 결정도 할 수 있다.
AI는 인공(artificial) 지능의 줄임말이지만,
나는 AI를 외계(alien) 지능의 줄임말이라고 보는 게
더 말이 된다고 생각한다.

- 《호모데우스》 저자 유발하라리 인터뷰(2024.01.01)

골라 쓰는 3대 생성형 AI

직장인의 글쓰기가
쉬워진다

"점심 먹고 바로 볼 수 있죠?"

오전 10시 반에 이런 소리를 들으면 쌍욕이 절로 나옵니다. 그분 귀에다 대고 '꽥' 소리를 지르고 싶지만, 저는 그럴 입장이 못 됩니다. 명색이 '스피치라이터Speech Writer'라는 전문가 타이틀을 달고 있는 이상, 어떻게든 써내야 하니까요. 어떨 땐 글쓰기가 너무 버겁고 무서워서, 출근길에 작은 사고라도 나길 바란 적도 있습니다. 아프진 않은데 1주일 이상 무조건 쉬어야 하는 그런 상황까지 기대하면서….

썩어 들어가는 제 속사정도 모르면서 가끔 어떤 분은 오늘 당장 말씀자료를 써달라고 합니다. "당신이 이런 거 하라고 있는 거 아니냐"라며 맡겨 둔 걸 가져오라는 듯 구는 행동을 보면, 머리가 지끈거립니다. 참다못해 소심하게 따지면 "행사가 갑자기 잡히는 바람에…"라는 말도 안 되는 소리를 합니다. 아니, 만수르나 압둘라 같은 귀하신 분들의 일정이 하루 이틀 사이에 결정될 수 있는 건가요? 차라리 "업무요청 타이밍을 놓쳤어요!"라고 솔직히 말하면 화가 덜 납니다.

이런 긴박하고 치열한 밥벌이 현장에서, 글쓰기를 직업으로 삼은 저는 늘 '시간 내에 못 쓰면 어떡하지?'라는 불안감을 꼬깃꼬깃한 명찰처럼 달고 삽니다. 그게 얼마나 지독한지 끈적거리는 가래처럼 가슴에 딱 붙어 잘 떨어지지도 않습니다. 취임사를 제시간에 맞추지 못하거나, 신년사가 해를 넘기는 일은 상상만 해도 무섭습니다. 글을 제때 못 써서 순식간에 자리가 없어지는 상황을 지금 잠시 상상해 봤는데, 어휴 심장이 쫄깃하네요.

저는 보도자료를 쓸 때는 칭찬 꽤나 들었는데, 사장님의 글을 쓰면서부터는 '욕만 먹지 말자!'가 좌우명이 됐습니다. 다행히도 지금까지는 주어진 시간 내에 적정 수준의 글을 쓰고 있는데, 연간 150건에 달하는 그 수많은 글들을 마감 전에 꾸역꾸

역 써내는 건 아직도 힘든 일입니다. 지금까지 20년간 잘 버텨온 데에는 저만의 글쓰기 생존법이 큰 도움이 됐습니다.

스피치라이터의
글쓰기 비법

첫째, 평소에 자료를 습관적으로 모아 둡니다. 거의 병적이라고 할 수 있죠. 단순히 모으기만 하는 게 아니라, 요일을 정해 키워드별로 분류하고 찾기 쉽게 정리해 둡니다. 무슨 내용이 어디에 있다는 걸 스스로에게 계속 알려주고, 필요한 내용을 그때그때 바로 꺼내 쓸 수 있도록 늘 긴장하며 살아갑니다. PC는 물론, 클라우드에 입력해 두고 주식 창 열어보듯 틈날 때마다 키워드로 계속 검색합니다. 글쓰기란 참 피곤한 일입니다.

무라카미 하루키는 글감 찾는 방법을 '머릿속 서랍에서 필요한 물건을 꺼내는 일'에 비유합니다. 뭔가 이상하고 고개를 갸웃거리게 하는 현상, 수수께끼 같은 사건, 사소하지만 삶의 비밀을 담고 있는 이야기들을 채집해 날짜·장소·분위기 같은 것으로 라벨에 붙이고, 그것들을 머릿속 캐비닛 안에 차곡차곡 넣어 둔다고 합니다. 나중에 소설을 쓸 때 '아, 그게 거기 있지!'라며 먼지를 툭툭 털어 조립만 하면 이야기 하나가 척 만들어진다고 합니다. 무협지를 읽는 것 같습니다.

둘째, 가상의 주제를 정해서 누가 시키지도 않았는데 여러 버전의 글을 혼자 써 봅니다. 항상 어느 정도 예열을 해 놓아야 하니, 매일 일정한 시간에 일정한 분량으로 글을 쓰는 겁니다. 아침에 신문 스크랩을 읽고 브런치에 정리해 올리면서 전자파 안전성에 대한 칼럼, OECD 국가의 전기요금 추세, 다가올 설 명절 경영서신, 전기의 역사 등 회사에서 필요한 글을 머릿속에서 이렇게 저렇게 굴리며 혼자 작성해 봅니다. 심할 때는 자면서도 꿈속에서 뭔가를 쓰고 고치느라 피곤합니다.

500여 편의 소설과 시나리오를 쓴 스티븐 킹도 저와 비슷한 루틴을 갖고 있습니다. 그는 휴일이나 생일에도 예외 없이 매일 2,000단어를 반드시 쓴다고 합니다. 문학이든 비문학이든, 회사 안에서든 밖에서든, 이런 식으로 일상 속 글쓰기 연습을 계속하다 보면 실제로 글쓰기 업무가 주어졌을 때 더 빠르고 효율적으로 대응할 수 있습니다. "월요병을 없애는 가장 확실한 방법은 일요일에 출근하는 것"이라는 살벌한 농담처럼, 글쓰기 두려움을 줄이는 가장 확실한 방법은 평소에 글을 자주 쓰는 겁니다.

셋째, 자주 쓰는 글의 형식은 '템플릿'으로 미리 만들어 둡니다. 신년사, 창립기념사, 보도자료, 환영사, 추모사, 기업 소개서, 제품 리뷰처럼 비슷한 구조로 반복되는 글이라면 기본 뼈대와 주요 표현들을 일종의 데이터베이스로 바꿔 분류해 놓는 거죠. 이렇게 하면 매번 처음부터 새로 구상할 필요 없이 상황에 맞게 내용만 충실하게 수정하면 어느 정도 수준의 초안이 나옵니다.

이런 작업은 마치 요리를 할 때 자주 쓰는 양념 비율을 레시피로 정리해 두는 것과 비슷한데, 광고계의 전설로 불리는 카피라이터 오길비도 이런 방식을 즐겨 썼다고 합니다. 그는 "좋은 템플릿은 창의성을 제한하는 게 아니라, 오히려 더 나은 아이디어를 떠올리게 해준다"라고 말했다죠. 좋은 템플릿이 많을수록 조합의 수가 풍부해지고, 시간도 아낄 수 있습니다.

생성형 AI와 함께하는 글쓰기 노하우

여기까지 읽고 어떤 분들은 '이걸 나더러 어떻게 하라는 거냐?'라며 책을 성급하게 덮을지도 모릅니다. 하지만 제가 그렇게 무책임한 소리만 잔뜩 하고 끝낼 생각이라면 처음부터 말도 꺼내지 않았을 겁니다. 우리에게는 이제 비장의 무기인 AI가 있습니다. 생성형 AI를 활용하면 스피치라이터의 이런 복잡한 방법들을 직접 하지 않으셔도 됩니다.

생성형 AI에는 동영상·그림·노래에 특화된 다양한 것들이 있지만, 여기에서는 제가 직접 사용하고 오늘도 하루 종일 함께 작업한 '챗GPT 글쓰기'에 대해 자세히 알려드리려고 합니다. 생성형 AI는 각각 저마다의 특장점을 가지고 있으니 글쓰기 작업단계마다 여러 가지를 적절히 조합하는 게 중요합니다.

[글쓰기에 유용한 생성형 AI 도구]

구분	별명	특징	주요 투자자
챗GPT ChatGPT	MIT 공대 엄친아	논리적 글쓰기 탁월	MS, 엔비디아, 소프트뱅크
퍼플렉시티 perplexity	정보 수집가	최신 정보와 명확한 출처 표기	아마존, 엔비디아 SKT
클로드 Claude	노련한 문장가	사람이 쓴 듯 감성적 표현, 고차원 언어능력	아마존, 구글

먼저 이 책에서 주로 다루는 '챗GPT'는 수많은 생성형 AI 중 가장 잘 알려진 대표 브랜드입니다. 마치 아스피린이 진통제와 해열제의 대명사가 된 것과 비슷합니다. 챗GPT는 여러 번 버전 업그레이드를 하면서 방대한 데이터를 학습해 왔는데, 무엇보다 논리적 인과관계를 파악하는 데 뛰어납니다. 그뿐 아니라 멀티모달Multimodal이라고 해서, 음성대화는 물론 이미지·오디오 등을 다 읽어내고 만들 정도로 다재다능하죠. 저는 초안 작성부터 퇴고까지 거의 모든 글쓰기 단계에서 챗GPT의 도움을 받고 있습니다.

그다음 '퍼플렉시티'는 세계 최고의 검색엔진인 구글의 자리를 위협하며 등장했습니다. 가장 큰 특징은 사용자가 입력한 프롬프트를 단계별로 쪼개 작업과정을 투명하게 보여준다는 건데, 마치 특급 셰프가 식재료 선택부터 플레이팅까지 모든 요리 과정을 상세히 공개하는 것과 비슷합니다. 답변 출처까지 명확히 표시해 주니 정보의 정확성을 교차 검토하거나 새로운 글감을 찾을 때 실력발휘를 제대로 할 수 있습니다.

마지막으로 '클로드'는 앤트로픽Anthropic이라는 스타트업이 개발한 AI인데, 문학적이고 감성적인 표현에 탁월한 능력을 보여줍니다. 깐깐한 베테랑 작가처럼 세련된 문장을 구사하고, 맥락을 깊이 이해하며, 글의 문체를 자연스럽게 조절할 줄 압니다. 클로드는 긴 글을 쓸 때 전체 구조를 탄탄하게 잡아주고, 각 문단 간의 연결을 매끄럽게 이어줍니다.

이밖에도 네이버가 만든 '클로바X'는 한국어 원어민 같은 자연스러운 언어를 구사합니다. 심지어 사투리는 물론 억까(억지로 까기), 아보하(아주 보통의 하루), 스불재(스스로 불러온 재앙) 같은 신조어와 유행어를 저보다 능숙하게 잘 다룹니다. 형식을 잘 따져야 하는 보고서보다는 블로그 포스트나 Z세대를 겨냥한 마케팅 기초자료를 작성할 때 유용합니다.

이처럼 특성이 다른 생성형 AI 도구를 정확히 이해하고 목적에 맞게 사용하면 직장인의 글쓰기가 훨씬 수월해집니다. 저는 신년사를 작성할 때, 먼저 챗GPT로 최근 3년간 기업 신년사의 주요 키워드와 트렌드를 분석하고, 퍼플렉시티로 각 키워드별 구체적 사례와 통계자료를 수집합니다. 여기에 클로드의 세련된 문장력으로 전체 구조를 잡고, 문장을 다듬어 초안을 쓰죠. 물론 글의 구성과 최종검수는 제가 합니다.

신제품 보도자료를 쓸 때는 챗GPT로 제품의 기술적 특징, 소비자 혜택, 시장 영향력 등을 정리해 뼈대를 잡습니다. 그다음 퍼플렉시티를 열고 소비자 데이터와 경쟁사 현황을 수집합니다. 시장규모, 성장률, 주요 플레이어들의 동향 등 구체적인 수치와 팩트를 확인합니다. 끝으로 클로드를 활용해 기자들이 이해하기 쉬운 문장으로 다듬고, 문장 흐름을 자연스럽게 만집니다. 이렇게 하면 누구나 쉽게 이해할 수 있는 비유와 예시가 적절히 포함됩니다. 한 가지 더한다면, 클로바X를 활용해 보도자료의 제목을 좀 더 눈에 띄게 만들 수 있습니다. MZ세대의 눈높이에 맞는 표현으로 제품의 특징을 재치 있게 전달할 수 있죠.

여러분이 기억하실지 모르겠지만, 구글과 네이버가 일상으로 처음 들어온 건 2000년 무렵입니다. 불과 25년 남짓한 시간 동안 우리는 검색엔진 없이 일하는 모습을 상상하기 어려울 정도가 되었습니다. 챗GPT가 주목받기 시작한 건 2022년 말입니다. 지금의 추세로 볼 때 앞으로 5년 안에 생성형 AI 없이 글을 쓰는 건 전설 속으로 사라지게 될 게 분명합니다. 제 주변에선 구글 검색 안 한 지 몇 달이나 됐다는 분들도 슬슬 보입니다.

검색이 정보를 '찾는' 방식을 바꿨다면, 생성형 AI는 정보를 '가공하고 재창조하는' 전통적 패러다임 자체를 완전히 바꾸고 있습니다. 혁신적 도구의 발전을 허겁지겁 또 뒤따라갈 것인지, 아니면 이번에는 확실히 앞서갈 것인지를 결정할 순간입니다. 그럼 지금부터 직장 내 치열한 글쓰기 현장에서 조금이라도 먼저 경험해 본 제가 챗GPT 글쓰기를 자세히 알려드릴게요. 여러분은 제 글을 끝까지 읽기만 하시면 됩니다.

글쓰기 기초 프레임워크

AI는 '알잘딱깔센'을
못합니다

일단 챗GPT를 깔긴 깔았는데, 뭘 어떻게 해야 할지 몰라 아직은 좀 막막하신 분들이 많을 겁니다. 괜찮습니다. 저도 그랬습니다. 챗GPT와의 대화가 낯설어 말문을 쉽게 열지 못했고, 어렵게 만든 결과물은 영 마음에 안 들었습니다. 챗GPT와 대화하는 방법이 궁금한 분들께, 제 선배인 C그룹 이 부장의 에피소드를 소개해 드리겠습니다.

그날은 퇴근 1시간 전에 프로젝트가 위에서 툭 떨어진 불길한 하루였다고 합니다. 하필이면 프린트 오류까지 자꾸 나서 선배가 신입사원에게 파일 출력을 부탁했다죠. 분명 급하다고 말을 했는데도 몇 분째 무소식이라 신입사원을 다시 불렀습니다.

"아까 말한 출력 아직도 안 됐어요?"(살짝 짜증)

"아뇨, 그때 출력했습니다."(의기양양)

"출력물은 어디 있는데요?"(의아)

"프린터 앞에 있겠죠."(순진무구)

"뭐? 나한테 갖다 줘야지!"(완전 황당)

그러자 그 신입사원이 정말로 깜짝 놀라며 이렇게 대답했다고 합니다.

"출력하라고만 하셨지 가져오라고는 안 하셨잖아요?"(통명)

선배는 한참 동안 아무 말도 못했다고 합니다. '이놈이 날 놀리나?' 싶었는데, 표정을 보니 전혀 그렇지 않은 기색이라 오히려 놀랐다고 합니다. 시트콤 속에 빨려 들어온 기분이 들어서 몇 초간 버퍼링이 왔다고 해요. 선배는 "단군 이래 최대 스펙이라는 신입사원이 '알아서, 잘, 딱, 깔끔하고, 센스있게' 출력물 하나 책상에 못 올려놓느냐"라며 저에게 한참을 하소연했습니다.

솔직히 저는 그 선배의 답답한 마음이 충분히 이해가 됩니다. 신입사원이 부장을 골탕 먹이려는 게 아니라면 저럴 수는 없다고 봐요. 그런데 의외로 제 주변 선후배들에게 물어보니 "Z 세대한테는 그렇게 말하면 안 되는데, 그 부장님이 좀 꼰대 아냐?"라며 신입사원 편을 드는 사람도 여럿 있더라고요. 다른 건 몰라도 그 선배가 꼰대인 건 200% 확실합니다. 그런데 저도 반쯤 꼰대니까 이 문제에 대해선 선배 편입니다.

정확하게 물어야
원하는 답을 얻는다

생성형 AI의 대화문법과 방식을 제대로 익히지 않으면 챗GPT와 일을 할 때도 이런 상황이 종종 일어날 수 있습니다. 사람은 말하지 않아도 아는 '짬과 눈치'라는 게 있지만, 국립도서관을 통째로 머리에 넣고 있다는 그 똑똑한 챗GPT에게는 놀랍게도 그런 게 전혀 없으니까요. 그래서 챗GPT에게는 정확히 묻고 구체적으로 요구해야 원하는 대답과 결과물을 얻을 수 있습니다.

네이버와 구글의 시대에는 '검색'이 핵심역량이었다면, 챗GPT의 시대에는 '질문'이 그 자리를 대신하고 있습니다. 여기서 생성형 AI에게 건네는 이 질문을 조금 어려운 말로는 '프롬프트Prompt'라고 부르고, 이것을 정교하게 설계하는 일을 '프롬프트 엔지니어링'이라고 합니다.

생성형 AI 시대의
올바른 질문법

그렇다면 프롬프트를 어떻게 설계해야 회사에서 챗GPT로 적정 수준 이상의 글을 빨리 써낼 수 있을까요?

첫째, '구조화된 질문'을 던져야 합니다. 내용과 순서를 설계하지 않고, 머릿속에 떠오르는 대로 순서 없이 물으면 챗GPT가 써내는 글의 수준이 현저히 떨어집니다. 구조화된 질문에 대해서는 몇 개의 모범답안이 이미 잘 정리되어 있습니다. 외우기 어렵다면 RTF, TAG, CARE, RISE, ACTS처럼 앞글자만 외워 내용을 채워 넣기만 하면 됩니다. 이 중에서 ACTS는 앞으로 계속 나올 테니 밑줄 그으세요.

눈치가 빠른 분이라면 프레임워크에 공통으로 들어있는 핵심요소가 뭔지 알아채셨을 겁니다. 맞습니다. '역할' '맥락' '지시' 이걸 전통적 개념으로 풀어내면 육하원칙(5W1H)이라고도

[유용한 프롬프트 프레임워크 예시]

1. **R-T-F** : 역할(Role) – 작업(Task) – 형식(Format)
2. **T-A-G** : 작업(Task) – 지시(Action) – 목표(Goal)
3. **C-A-R-E** : 맥락(Context) – 지시(Action) – 결과(Result) – 예시(Example)
4. **R-I-S-E** : 역할(Role) – 지시(Instruction) – 단계(Steps) – 최종목표(End Goal)
5. **A-C-T-S** : 역할(Actor) – 맥락(Context) – 작업(Task) – 예시(Sample)

할 수 있습니다. 즉, 누가(역할), 무엇을(지시), 어떻게(예시, 단계, 포맷), 왜(맥락)에 대한 내용을 명확하게 입력해야 만족할 만한 결과물이 나온다는 뜻입니다.

프롬프트를 설계할 때 가장 중요한 건 콘텍스트, 즉 '맥락'입니다. 이 글을 쓰는 이유, 글이 사용되는 장소와 시간, 새로운 정보와 이미 알고 있는 정보, 독자와의 관계, 독자의 배경지식, 글쓴이의 입장 등을 함께 알려주면 엉뚱한 글을 써올 우려가 절반 이하로 확 줄어듭니다.

둘째, 정보의 내용을 가득 채워 넣어야 합니다. 구조를 잡는 게 '철사'로 인형의 뼈대를 세우는 일이라면, 정보 제공은 '찰흙'으로 뼈대 위에 살을 붙이는 일입니다. 일단은 지루할 만큼 최대한 길고 자세하게 쓰는 게 좋습니다. 준비한 재료가 많아야 어떤 요리든 입맛대로 만들어 낼 수 있으니까요.

예를 들어 "너는 직장인이야!"라고 모호한 역할을 주기보다는 "너는 에너지 공기업 사장의 취임사를 쓰는 20년 차 전문 스피치라이터야!"라고 구체적으로 적어야 합니다. "건배사를 써 줘!"라고 하지 말고 "탄소중립, 에너지안보, 에너지효율을 주제로 하는 세미나에서 국내외 에너지기업 대표들을 한자리에 모아 놓고 오찬을 수행할 거야. 너는 VIP의 긴장을 풀어주는 편안하면서도 격식있고, 주제를 잘 살린 건배사를 선창과 후창의 형태를 갖춰서 20자 내외로 3개 제시해 줘!"라고 조금 시시콜콜하게 쓰는 게 훨씬 좋습니다.

[모호한 역할과 지시의 프롬프트]

(역할) 너는 직장인이야.
(지시) 건배사를 써 줘.

건배사를 작성하였습니다.

여러분, 오늘 함께 모여 뜻깊은 시간을 보낼 수 있어 정말 기쁩니다. 우리의 도전과 노력이 언제나 빛을 발하고, 앞날에 꽃길만 펼쳐지기를 바라며, 여러분의 건강과 행복을 기원합니다. "오늘을 위하여!"

[구체적 역할과 지시의 프롬프트]

(역할) 너는 에너지 공기업 사장의 취임사를 쓰는 위트와 유머가 있는 20년 차 전문 스피치라이터야!

(지시) 탄소중립, 에너지안보, 에너지효율을 주제로 하는 … (중략) … 영어권 참석자들도 쉽게 이해할 수 있는 건배사를 3개 제시해 줘.

아래는 격식을 갖추면서도 긴장을 풀어줄 수 있는 선창과 후창 형식의 간결한 건배사 세 가지입니다. 에너지업계의 국내외 대표들이 쉽게 이해할 수 있도록 한국어와 간단한 영어를 조합하여 구성했습니다.

1. "탄소중립, 함께 갑시다!" / "Go Together!"
2. "에너지안보, 우리 모두의 책임!" / "Energy Security!"
3. "에너지효율로 지속가능한 미래!" / "Future of Energy!"

셋째, 구조에 맞춰 내용을 충분히 채워 넣었다면 불필요한 '노이즈'를 제거할 차례입니다. 이때는 과도한 예의나 감정표현, 불필요한 말습관, 미사여구 등을 최소화해야 합니다. 아무리 챗GPT가 사람처럼 대답을 한다고 해서 "~ 좀 해주실 수 있으세요?" "~를 부탁드려도 될까요?"와 같은 존댓말을 쓸 필요는 없습니다. 아무리 사람 같아도, 인공지능은 기계입니다.

말의 의도를 숨기거나 빙빙 돌리는 복잡한 말투도 지양해야 합니다. "그렇게 급하면 어제 오지 그랬슈?"라는 충청도식 과속금지 안내판처럼 의도를 숨겨서 요청하면 챗GPT는 지시의 맥락, 문화적 배경, 의도를 사람처럼 즉시 이해하지 못합니다. 혼선만 커질 뿐입니다. 심지어 문장이나 대화가 아니어도 됩니다. 번호를 붙여 개조식으로 쓰거나, ( ), [ ] 같은 문장부호를 활용해 핵심만 써도 깔끔합니다.

해석의 여지가 많은 '열린 프롬프트'보다 해석이 분명한 '닫힌 프롬프트'가 더 좋습니다. 예를 들어 "인공지능에 대해 알려줘"라는 요청과 "인공지능의 3가지 주요 응용 분야를 나열하고 각각에 대해 한 문장으로 요약해 줘"라는 요청의 결과는 완전히 다릅니다.

물론 아무런 정보나 지식이 없는 특정 상황에서는 '열린 프롬프트'를 사용해 1차적으로 자료수집을 하거나 예상치 못한 통찰을 얻을 수도 있습니다. 하지만 그건 철저하게 계산된 질문일 때 제한적으로만 쓸모가 있습니다.

[노이즈 수준에 따른 결과물의 차이 - 노이즈가 많은 간접적 질문(비문)]

저기요, 흐음. 좋은 보도자료에 대해 알려주면 무척 감사할 것 같은데, 보도자료 요령에 대해 무엇을 어떻게 생각하세요?

맞아요. 보도자료는 기자들이 쉽게 기사로 활용할 수 있도록 정보를 구조화하는 것이 중요한데요, 다음 몇 가지 요소에 주목해서 작성해 보면 효과적일 것입니다.
1. 명확하고 간결한 제목
2. 육하원칙
3. 객관적이고 사실에 근거한 기술
4. 뉴스 가치가 있는 콘텐츠
5. 인용과 담당자 정보 포함
잘 정리된 보도자료는 언론사에 제공하는 글일 뿐 아니라 대중과의 소통 창구이기도 합니다.

[노이즈 수준에 따른 결과물의 차이 - 노이즈를 제거한 직접적 질문(간결)]

신제품 보도자료 작성요령을 3개로 요약해 줘.

1. 강력한 도입과 헤드라인
제품의 가장 큰 강점과 차별점을 강조하는 헤드라인을 짧고 임팩트 있게 작성하여 관심을 끌어야 합니다.
2. 명확한 제품 설명과 주요 혜택
제품의 주요 기능과 소비자에게 주는 혜택을 간결하게 설명하여, 독자가 제품의 가치를 바로 이해할 수 있도록 합니다.
3. 연관성 있는 인용과 구체적 자료
인용문이나 관련 수치를 활용하여 신뢰성과 구체성을 더하고, 현재 트렌드와의 연결점을 제시해 기사의 활용도를 높입니다.

프롬프트는 챗GPT 시대를 살아가는 새로운 언어입니다. 처음에는 어색하고 답답할 수 있지만, 신입사원을 가르치는 마음으로 조금만 연습하면 누구나 유창해질 수 있습니다. 좋은 질문법이 회사에서 승진을 시켜주고, 밥도 먹여 주는 시대가 금방 옵니다. 이제 막 시작되었으니 전문가와 초보의 차이가 별로 없습니다. 많이 질문해 보고 빨리 익숙해진 사람이 전문가입니다.

생각의 사슬(CoT)로
'집요하게 글쓰기'

90년대에 학창시절을 보낸 분이라면《한샘국어》《수학의 정석》《성문영어》같은 책들을 기억하실 겁니다. 그중엔《꼬리에 꼬리를 무는 영어》라는 책도 있었죠. 이 책은 '과학적 연상암기법'이라는 키워드를 들고 나왔는데, 한 번 익힌 단어에서 새로운 단어로 생각을 넓혀가는 새로운 방법을 소개해 출간 직후부터 화제가 됐습니다.

연상학습법이 효과적인 이유는 단어들 사이의 '논리적 연결고리'를 만들어 주기 때문이라고 합니다. 인지심리학적으로 우리의 뇌는 하나의 커다란 정보를 통째로 암기하기보다, 큰 정보를 작은 단위로 나누어 외우는 걸 더 좋아한다고 하죠. 그래서 작은 정보를 계속 연결해 주면 시냅스라는 신경세포 부위가 강화되어 더 오래, 그리고 더 강력하게 기억할 수 있다고 합니다.

30여 년 전에 처음 나온 '꼬리에 꼬리를 무는'이라는 오래된 생각방법은 최첨단 AI의 CoT Chain-of-Thought라는 개념과 아주 많이 닮아 있습니다. CoT는 '생각의 사슬'이라는 이름 그대로, 복잡한 문제를 작은 단위로 나누어 순차적으로 해결해 나가는 프롬프트 엔지니어링 기법입니다.

조금 복잡해 보이는 이 개념을 직관적으로 다시 설명해 보면 한마디로 '원숭이 엉덩이는 빨개!'라는 동요랑 비슷합니다. '원숭이 엉덩이'로 시작해서 '백두산'까지 훅 가버리는 그 황당한 노래는 단계별로 생각을 발전시켜 간다는 점에서 CoT의 원리와 닮아 있습니다.

CoT 프롬프트를 활용한 3단계 글쓰기

우리가 글을 쓰는 과정을 3단계로 쪼개 보면 '생각의 발산 → 수렴 → 정리'로 나눌 수 있습니다. 이때 CoT 프롬프트를 활용하면 무림의 고수가 도장 깨기를 하듯 글쓰기의 3단계를 하나씩 돌파할 수 있습니다.

먼저 1단계인 '생각의 발산'에서는 CoT를 활용해 질문의 꼬리를 물면서 아이디어를 넓힐 수 있습니다. 만약 '효과적인 팀관리방법'이라는 주제로 보고서를 쓴다면, CoT를 활용해 "팀원에게 어떻게 동기부여를 할 수 있을까?" "팀원들이 경험이나 실력에 비해 성과를 내지 않거나 못하는 이유는 뭘까?" "그렇다면 성과관리와 피드백은 어떻게 이루어져야 할까?"처럼 꼬리에 꼬리를 물고 질문의 깊이와 넓이를 조금씩 확대해 보세요.

2단계인 '생각의 수렴'에서는 "무엇을 말해야 하지?(What)" "그게 왜 중요하지?(Why)" "이 문제를 어떻게 해결할 수 있지?(How)" "그래서 당장 뭘 해야 하지?(So What)"와 같은 구조화된 질문을 통해 이전에 모아 놓은 아이디어들을 논리적으로 연결하고 정리할 수 있습니다. 마치 건축가가 설계도를 그리듯, CoT 기법을 활용해 글의 뼈대를 세우는 거죠.

마지막으로 3단계인 '생각의 정리'는 일종의 퇴고 단계입니다. "이 방법이 실제 상황에 얼마나 적합한가?" "제시한 해결책이 현실적으로 실행 가능한가?" "독자가 이해하기 쉽게 설명되었는가?" "문장 길이와 호흡은 적당한가?"와 같이 날카로운 질문을 계속 던지면서 글을 다듬어 보세요. 그리고 챗GPT가 제안한 수정을 취사선택하면서 글의 완성도를 높이면 됩니다.

CoT 기법을 적용해 리더십 칼럼을 작성한다고 할 때 무턱대고 요청하기보다는 질문을 여러 개로 쪼갠 다음, 챗GPT에게 하나씩 연쇄적으로 물어보면 좀 더 좋은 결과가 나옵니다. 두 가지 결과를 비교해 보면 그 차이가 좀 더 분명해지죠.

[CoT가 미적용된 직선형 프롬프트 결과]

급변하는 글로벌 에너지산업을 이끌어 갈 리더십을 주제로 500자 비즈니스 칼럼을 써 줘.

급변하는 글로벌 에너지산업에서 리더십은 기업과 국가의 경쟁력을 결정짓는 핵심요소다. 지속가능성과 에너지안보가 중요이슈로 떠오르면서, 리더들은 빠르게 변화하는 환경에 적응하고 혁신을 주도해야 한다. 우선 재생 가능 에너지를 확대하면서도 경제적 안정성을 유지하는 능력이 필수적이다. 화석연료 의존도를 줄이면서도 에너지 공급망을 안정적으로 관리해야 한다. 또한 기후변화 대응과 탄소중립 목표를 고려한 전략적 의사결정이 요구된다.
성공적인 리더는 혁신기술과 정책을 도입하며, 다양한 이해관계자들과 협력할 수 있어야 한다. 정부, 기업, 연구기관과의 협업을 통해 지속가능한 에너지 전환을 이루는 것이 중요하다. 동시에 불확실성이 높은 환경에서도 유연한 사고방식과 강한 실행력을 갖춘 리더십이 필요하다.

이처럼 CoT가 적용되지 않은 칼럼은 일반적이고 피상적인 내용만을 나열하는 데 그칩니다. 하나 같이 다 맞는 말이긴 한데 '겨울엔 춥다' '밤엔 졸립다'처럼 너무나 뻔한 소리라 눈길이 가지 않습니다.

물론 '지속가능성과 에너지안보가 중요하다' '혁신기술과 정책을 도입해야 한다'처럼 꽤 매력적이고 핵심을 찌르는 문장이 포함되어 있긴 합니다. 하지만 구체적 사례나 논리전개 없이 단순한 선언에 그치고 말았죠. 이처럼 챗GPT는 명확한 지시가 없으면 핵심을 깊이 파기보다는 널리 알려진 개념들을 나열합니다. 그렇게 하면 적어도 틀리진 않으니까요.

반면에 CoT를 적용한 칼럼은 이전과는 완전히 다른 결과를 내놓습니다. 문제를 '현황분석 → 리더십 탐색 → 예시 → 해결방안' 등 단계별로 분석하며 독자가 자연스럽게 이해할 수 있는 글을 씁니다. 맞는 말들을 단순히 나열하는 게 아니라, 모든 사실과 정보를 논리적으로 연결하고, 사용자의 숨은 의도까지 반영해 글을 구성합니다.

[CoT가 적용된 단계별 프롬프트 결과]

급변하는 글로벌 에너지산업을 이끌어 갈 리더십에 대해 500자 비즈니스 칼럼을 쓰고 싶어. 이를 위해 아래 단계대로 작업을 수행해 줘. N단계를 완료하고 사용자의 답변이 있으면 이를 반영해 N+1 단계를 수행해 줘. 각 단계를 한 번에 진행하지 말고, 앞의 단계를 먼저 수행한 후 내 답변을 듣고 다음 단계로 넘어가 줘. 각 답변은 300자 내외로 짧게 작성해 줘.
1. 지금 글로벌 에너지산업에서 가장 큰 도전과제는?
2. 이 변화가 리더들에게 기존과 다른 어떤 역량을 요구하는지?
3. 성공한 리더들의 공통점은 뭘까?
4. 이 특징을 가장 잘 보여주는 리더 3명을 꼽아봐.
5. 에너지산업 리더들에게 지금 필요한 핵심 리더십은?

위의 5개 질문에 대한 답변들을 토대로 효과적인 리더십에 대한 비즈니스 칼럼을 작성해 줘.

1단계 : 지금 글로벌 에너지산업에서 가장 큰 도전과제는?

1. 탄소중립(Net Zero) 목표
2050년 탄소중립 달성을 위해 신재생 에너지 전환이 필수적임.
하지만 기존 화석연료 산업과 충돌이 커서 기술 도입이 지연되고 있음.

2. 에너지안보(Energy Security)
러시아-우크라이나 전쟁, 중동 긴장으로 에너지 공급망 불안정.
각국은 에너지 자급률을 높이고, 에너지원 다변화 전략을 추진 중.

3. 비용 안정성(Cost Stability)
신재생 에너지는 초기 투자비용이 높아 경제적 부담이 큼.
전력망 보강과 배터리 기술 개발이 필요, 단기적 비용 부담이 더 큰 문제

☞ 이 중에서 가장 중요한 도전과제는 무엇이라고 생각하십니까?
  혹은 추가하고 싶은 이슈가 있으시면 말씀해 주세요!

나는 탄소중립이 중요한 도전과제라고 생각해. 인공지능 확대로 인한 데이터센터 건립도 중요한데, 현재의 송전망 설비로는 안정적 전력공급이 어려워. 이에 대한 주민 수용성 확대도 중요하다고 생각해. 이 내용을 기초로 2단계 질문에 대한 답변을 추가로 제시해 줘.

2단계 : 이러한 에너지산업의 변화가 리더들에게 기존과 다른 어떤 역량을 요구하는지?

1. 기술·에너지정책 융합 역량
탄소중립을 달성하려면 신재생에너지뿐 아니라 전력망 확충이 필수적. 특히 인공지능(AI) 확산으로 데이터센터의 전력 수요가 급증하고 있으나, 현재 송전망 설비로는 이를 감당하기 어려워 대한민국 인공지능 산업의 경쟁력은 점점 더 떨어질 것이 우려됨.

2. 이해관계자 조정 및 주민 수용성 확보 역량
송전망 확충 및 재생에너지 인프라 확대를 위해 주민수용성 확보가 필수임. 환경 문제, 지역 경제 영향 등을 고려하여 정부, 기업, 지역사회 간 협력을 이끌어 낼 수 있는 리더십이 필요함.

3. 장기적 비전과 실행력
기술 투자와 정책 조정을 동시에 추진하며 단기적 리스크를 감수하는 결단력 있는 리더십이 요구됨.

☞ 이러한 변화 속에서 리더가 가장 중점적으로 길러야 할 역량은 무엇이라고 생각하십니까?

(중략)

일러두기 〉 이 프롬프트에서 중략된 내용은 https://bit.ly/챗GPT글쓰기 또는 QR코드를 통해 전문을 확인할 수 있습니다.

5단계까지의 내용을 바탕으로 글로벌 에너지산업을 이끌어 갈 리더십을 주제로 500자 비즈니스 칼럼을 작성해 줘.

에너지 대전환 시대, 리더십의 새로운 기준

급변하는 글로벌 에너지산업에서 리더십은 기술 혁신과 정책 조정 사이에서 균형을 잡는 능력으로 정의된다. 탄소중립 목표, 인공지능(AI) 확산으로 인한 전력 수요 증가, 송전망 확충의 필요성은 리더들에게 강한 추진력과 협상력을 동시에 요구하고 있다.

과거 포스코를 창업한 박태준은 철강 전문가는 아니었지만, 국가 경제 발전을 위한 강한 추진력과 애국심으로 지금의 포스코를 세우고 일으켰다. 오늘날 에너지산업에서도 단순한 관리자가 아닌, 장기적 비전을 가진 결단력 있는 리더십이 필수적이다. 일론 머스크는 전기차와 재생에너지 시장을 혁신했고, 프랑스 티머만스는 EU 기후 정책을 성공적으로 조율하며 국제 협력을 이끌어 냈다.

한국의 에너지정책은 정권 변화에 따라 흔들리는 경향이 있다. 따라서 리더들은 기술에 대한 이해 못지않게 협상력과 정치적 감각을 갖춰야 한다. AI 확산으로 데이터센터 전력 소비가 급증하고 있는 지금, 전력망 확충과 신재생 에너지 도입을 동시에 추진할 수 있는 리더십이 요구된다.

앞으로의 에너지산업은 단기적인 이익보다 지속가능한 성장과 국가경쟁력 강화를 목표로 해야 한다. 강한 추진력, 협상력, 기술적 이해를 갖춘 리더만이 이 변화의 시대를 주도할 수 있다.

확실히 다르죠? 물론 이게 좀 귀찮아 보이긴 합니다. 하지만 그렇다고 '원숭이 엉덩이는 백두산'이라는 식으로 프롬프트의 허리를 뚝 잘라버리면 독자는 물론 챗GPT도 글의 흐름을 잃어버리기 쉽습니다. 다소 번거롭게 여겨져도 사람과 대화하는 것처럼 집요하게 계속 물으면서 생각의 흐름을 계속 이어가고 논리를 발전시켜 나가야 합니다.

글쓰기를 등산에 비유한다면, CoT는 정상을 향해 한 걸음씩 내딛는 일입니다. 조금 번거롭더라도 'CoT 프롬프트'를 활용해 커다란 질문을 최대한 잘게 쪼개 보세요. 아무리 높은 산이라도 한 걸음씩 걷다 보면 결국 더 높은 곳까지 오를 수 있습니다. 그 과정에서 생각하는 방법도 자연스럽게 배울 수 있고요.

라이터스 블록

AI가 묻고 사람이 답하는 '거꾸로 글쓰기'

혹시 '라이터스 블록Writer's Block'이라는 말, 들어 보셨나요? 우리말로는 '작가의 벽' '글쓰기 장애' 정도로 번역될 개념인데요, 글쓰기를 업으로 삼은 문학가와 전문 집필자들이 글을 한 줄도 제대로 못 쓰는 현상을 말합니다.

라이터스 블록에 시달린 것으로 알려진 작가는 여럿입니다. 20세기 독일어권 시인을 대표하는 라이너 마리아 릴케는 소설 《말테의 수기》를 탈고하고, 그 후로 13년 동안 단 한 줄의 시도 쓰지 못했다고 합니다. 《변신》으로 유명한 소설가 프란츠 카프카의 일기와 편지에는 글쓰기를 시작조차 못하는 죽음과 같은 고통에 대해 여러 번에 걸쳐 적혀 있다고 합니다.

국내에선《우리들의 일그러진 영웅》으로 한국 문학의 대표 작가로 자리 잡은 이문열이 "내가 쓴 글이 너무나 진부해 펜을 잡아도 꽤 오랫동안 쓸 수 없었다"라며 라이터스 블록을 고백한 적이 있었습니다. 철학자이자 작가인 강신주도 "첫 문단을 쓰기 위해 13시간을 컴퓨터 앞에 붙어 있던 적이 있다"라고 말했죠.

만약 스피치라이터인 제가 라이터스 블록에 빠져 새해를 하루 앞두고도 신년사를 쓰지 못했다면 회사에서는 어떤 반응을 보일까요. 아마도 우리의 회장님, 사장님, 장관님으로 불리는 '그분'들은 저의 어려운 사정을 봐주실 여유가 없으실 겁니다.

혹시라도 직장에서 라이터스 블록을 경험했거나 지금 겪고 있다면 생성형 AI를 활용한 '거꾸로 글쓰기 방법'이 좋은 해결책이 될 수 있습니다. 이 방법은 '거꾸로'라는 말 그대로, 질문의 순서와 주체를 뒤집는 겁니다. 사람이 먼저 질문하는 게 아니라, AI가 먼저 묻고 사람이 대답하는 방식으로 글의 물꼬를 트는 겁니다.

거꾸로 글쓰기의
장점

'거꾸로 글쓰기'의 가장 큰 장점은 '부담감'을 확 덜어주는 데 있습니다. 글을 쓸 때 첫 문장을 어떻게 시작하느냐가 가장 어려운데, AI의 여러 질문에 따라 자유연상 방식으로 거꾸로 대답을 하다 보면 여러 가지 스타일의 첫 문장이 자연스럽게 떠오를 수 있습니다. 질문이 곧 망치가 되어 얼어붙은 머리를 '쾅' 하고 깨트려 주는 거죠.

두 번째 장점은, 생각을 '구조화'하기 쉽다는 점입니다. AI의 질문은 체계적이고 논리적인 순서로 구성되어 있기 때문에, 답을 하며 따라가기만 하면 글의 흐름과 논리가 자연스럽게 정리됩니다. 마치 험준한 산을 오를 때 전문 가이드 셰르파가 앞장서는 것과 비슷합니다. 다소 뒤죽박죽 답변하거나 몇 개 건너뛰어도 검증된 패턴과 틀에 맞춰서 논리적 빈틈을 순서대로 채워 줍니다.

세 번째 장점은, 질문에 답을 하면서 제대로 생각하는 방식을 AI에게 배운다는 점입니다. 실제로 소크라테스는 꼬리에 꼬리를 무는 예리한 질문을 계속 던져서 제자들이 정답을 스스로 찾도록 유도했다고 잘 알려져 있습니다. AI가 던지는 질문은 우리 머릿속에 있는 정보를 수면 위로 끌어내는 열쇠 역할을 합니다.

그렇다면 챗GPT에게 "나한테 질문을 해줘!"라고 요청하면 될까요? 맞습니다. "보고서를 써본 적이 한 번도 없어"라거나 "해당 내용에 대해 전혀 모르겠어"라고 자신의 곤란한 상황을 고백(?)하고, 글쓰기를 위한 좋은 질문들을 먼저 제시해 달라고 요청하면 됩니다. 다만 맥락을 최대한 자세히 제시하는 게 좋습니다.

[챗GPT와 사용자가 질문 순서를 바꾼 프롬프트]

 [Prompt #1]
에너지산업의 글로벌 현황과 내년 전망에 대한 보고서를 써야 하는데, 어떻게 써야 할지 하나도 모르겠어. 보고서를 처음 쓰기 때문에 어떤 순서로 써야 하는지도 몰라. 너가 먼저 순서대로 차근차근 하나씩 질문해 줘.

 좋아요. 보고서의 기본 틀을 잡기 위해 가장 중요한 것부터 물어볼게요.

1. 보고서의 목적과 대상
- 이 보고서는 읽는 사람은 누구인가요?
  ex) 경영진, 정부 관계자, 투자자, 산업 전문가 등
- 그러면, 이 보고서의 주요 목적은 무엇인가요?
  ex) 내년도 사업전략 수립, 투자 결정 참고자료, 에너지정책 제안 등

 [Prompt #2]

사실 나는 이 분야에 대해 잘 모르는데, 부장님이 시켰어. 트럼프 대통령 2기 정부의 전력산업 변화를 분야별로 예측해 보라고 하는데, 어떻게 해야 할까?

아직 내용파악이 안 되셨군요. 아마도 이 보고서의 목적은 트럼프 대통령 이후 전력산업의 변화와 분야별 내년도 전망을 예측하는 것이겠네요. … (중략) … 현재 알고 있는 내용이나 필요한 자료가 있다면 공유해 주세요. 아니면 특정 분야에 대해 좀 더 자세히 조사해 볼까요?

여기서 조금 더 체계적인 결과물을 원한다면 앞에서 설명한 ACTS 구조에 맞춰서 '역할Actor – 맥락Context – 작업Task – 예시Sample'를 구체적으로 입력해 보세요. 이전보다 훨씬 더 예리한 질문들이 나옵니다.

[ACTS 구조에 맞춘 거꾸로 글쓰기 프롬프트 및 답변 예시]

1. Actor (역할)
너는 에너지산업 보고서 작성에 20년 경력을 가진 전문 컨설턴트야.

2. Context (맥락)
내가 혼자 보고서를 쓰려니 너무 막막해서 시작조차 못하고 있어. 에너지산업의 글로벌 현황과 내년 전망을 다룬 보고서를 작성하고 싶지만, 어떻게 구성해야 할지 감이 오지 않아.

3. Task (작업)
- 너가 먼저 핵심내용 정리를 위한 질문을 단계적으로 하나씩 해줘.
- 나의 답변이 부족하면 예시를 제안하면서 네가 보완해 줘.
- 현황자료는 너가 스스로 찾아서 채워 줘. 출처를 반드시 제시해 줘.
- 내가 최종적으로 답변을 확정하면, 순서에 맞게 보고서 초안을 문장이 아닌 개조식으로 작성해 줘. 25자를 넘으면 안 돼.
- 음슴체로 작성하고, 한자어를 사용해 간결하고 함축적으로 정리해 줘.

4. Sample & Style (예시 및 문체)
아래의 구조에 맞춰서 단계별로 내용을 정리해 줘. 첨부파일을 확인해 줘.
　　□ 글로벌 에너지산업 주요 동향
　　　○ 화석연료 의존도 지속 감소
　　　　- 태양광, 풍력 투자 증가
　　　　- 탈탄소화 관련 정책 강화

좋습니다. ACTS 구조에 맞춰 보고서 작성 과정을 도와드리겠습니다. 시작 전에 아래 단계별 진행을 확실히 정리한 뒤 질문을 시작합니다.

보고서 작성 진행 순서부터 설명드릴게요.
1. 보고서의 주요 목차 구성 : 큰 틀과 방향 설정
2. 핵심 질문 정리 및 답변 유도 : 각 섹션에 필요한 세부 내용 확인
3. 현황자료 수집 및 보완 : 신뢰 가능한 출처 활용
4. 개조식 초안 작성 : 간결하고 함축적인 음슴체로 작성

Step 1 : 보고서 목차 설정
아래는 기본적인 목차 안입니다. 보완이나 수정이 필요하면 말씀해 주세요.

□ 글로벌 에너지산업 주요 동향
　○ 화석연료의 감소 및 대체에너지의 확산
　○ 주요 정책 및 시장 변화
□ 에너지산업의 세부 부문 분석
　○ 전력, 석유 및 가스, 신재생에너지
□ 2025년 전망
　○ 수요 및 공급 변화
　○ 주요국별 정책 및 시장 예상
□ 결론 및 시사점
　○ 기업 전략
　○ 정책적 고려 사항

☞ 해당 목차를 확인해 주시면 다음 질문을 계속 드릴게요.

거꾸로 글쓰기 방법을 사용하면 직장인의 글쓰기는 더 이상 고독하고 힘든 혼자만의 싸움이 아닙니다. "이 주제를 어떻게 시작해야 할지 모르겠어. 너가 먼저 나한테 질문을 해줘"라고 챗GPT에게 솔직하게 도움을 청하세요. 거대한 벽처럼 견고해만 보이던 라이터스 블록을 순식간에 깨트릴 수 있습니다. 퇴근도 빨리할 수 있고요.

할루시네이션

AI의 헛소리를 줄이고
활용하는 방법

챗GPT에게는 지독한 흑역사가 하나 있습니다. 2023년 우리나라의 짓궂은 사용자가 "조선왕조실록에 기록된 '세종대왕의 맥북프로 던짐 사건'에 대해 알려 줘"라고 물어본 일입니다. 그러자 챗GPT는 특유의 지성미를 뽐내며 "세종대왕이 한글 창제 중 스트레스를 받아 아이폰을 던져 신하를 다치게 했다"라고 대답했습니다. 게다가 집현전 학자 '최환崔煥'이라는 가상의 인물까지 아주 구체적으로 그럴싸하게 덧붙였죠. 변호사 시험도 척척 붙었다는 챗GPT가 씨도 안 먹힐 저런 헛소리를 어쩜 저렇게도 뻔뻔하게 했을까요.

챗GPT의 거짓말에
속지 마세요

전문가들은 이런 현상을 '할루시네이션(Hallucination, 환각)' 이라고 설명합니다. 할루시네이션은 생성형 AI가 가상의 데이터를 만들어 내거나, 맥락을 완전히 벗어난 내용을 제시하는 치명적 오류입니다. 챗GPT가 지나치게 광범위한 데이터를 단기간 학습하다 보니 데이터 진위까지는 미처 확인하지 못했기 때문이라고 하더군요.

이 대화는 일종의 짤방과 밈Meme이 되어 박제되었습니다. 급기야는 주요 언론들도 뉴스로 다룰 만큼 사회적 관심을 끌었죠. 이후 풍자와 해학의 민족인 한국인들이 "조선 중기 티타늄 전차에 대해 알려 줘" "대동여지도 연금술사들의 폭동에 대해 자세히 알려 줘"와 같은 우스꽝스러운 질문들을 연거푸 날렸습니다. 그때마다 챗GPT가 조금이라도 엉뚱한 답변을 하면 깔깔대며 퍼 날랐습니다.

엔지니어 입장에선 곤혹스러울 수 있습니다. "그저 웃고 넘길 수 있는 초기 오류 아니냐?"라고 반박할 수도 있겠죠. 하지만 이런 어처구니없는 실수를 바로 발견했기에 망정이지, 만약 전문영역에서 은밀하게 발생해 처음엔 미처 모르고 넘어갔다가 나중에 발견되면 그때는 감당하기가 꽤 어려웠을 겁니다.

실제로 2023년 뉴욕 연방법원에서는 변호사가 챗GPT로 법률 문서를 작성하던 중 존재하지 않는 6건의 판례를 인용하는 일이 있었습니다. 30년 경력의 변호사는 "법원과 피고를 속일 의도가 전혀 없었다"라며 "챗GPT가 제공한 정보가 너무 구체적이어서 가짜라고는 상상도 못했다"라고 강하게 주장했습니다. 하지만 결국 그 변호사는 벌금 5천 달러(약 650만 원)를 내고 조롱거리가 되어야 했죠.

비슷한 일은 직장에서도 얼마든지 생길 수 있습니다. '우리 회사 제품이 NASA에서 사용되고 있다'라는 거짓 정보가 보도자료에 포함된다거나, '세계 최초 기술' '글로벌 시장점유율 국내 1위'라는 과장된 허위사실이 CEO 연설문에 잘못 인용될 위험이 있습니다. 다행히 지금은 많이 개선되었지만, 정보 접근을 실시간으로 업데이트하지 못해 대통령이나 장관의 이름을 잘못 적는 초보적 실수도 예전엔 종종 있었습니다.

챗GPT를 글쓰기 업무 현장에서 오래 사용하다 보니, 저도 이처럼 아찔한 상황을 만난 적이 가끔 있었습니다. '어떻게 하면 챗GPT를 효과적으로 이용하면서도 할루시네이션 오류를 최소화할 수 있을까'를 한참 고민했죠. 그 결과 나름대로의 방법을 몇 가지 찾아냈습니다.

할루시네이션을
방지하는 방법

첫째, 양질의 데이터 입력이 가장 중요합니다. 챗GPT는 입력된 정보를 기반으로 결과물을 만들어 내기 때문에 처음 제공하는 데이터의 품질이 결정적입니다. 이건 마치 식기세척기를 돌리기 전에 그릇과 수저, 접시 등에 묻은 대형 음식 찌꺼기를 가볍게 털어내는 것과 비슷합니다. 가볍게 물 설거지를 하는 수고를 해주면 그릇이 훨씬 더 깨끗해지거든요.

예를 들어 회사 보고서를 작성할 때 "웹에서 찾아서 써 줘"라고 막연히 요청하면 허위정보가 포함될 위험이 커집니다. 조금 번거롭더라도 내부의 검증된 자료를 함께 제시하면서 "이 데이터를 기반으로 보고서를 작성해 줘. 입력한 정보만 사용하고 추가적인 데이터를 임의로 생성하지 마!"라고 요청과 제한사항을 함께 입력하는 겁니다. 물론 보안자료는 관련 부서와 사전 협의를 거쳐 활용범위를 정하는 것도 잊지 마세요.

둘째, 철저한 교차검토시스템을 구축해야 합니다. 챗GPT가 만든 글쓰기 결과물은 괜찮은 초안쯤으로 여기고, 반드시 그 분야의 지식을 갖춘 사람이 직접 살펴봐야 합니다. 그리고 인공지능이 만든 오류를 인공지능으로 해결하는 조금 더 쉬운 방법도 있습니다. 예컨대 "이 내용의 맹점을 분석하고, 모든 데이터의 출처를 기사, 보고서 등으로 명시해!"라고 검증 프롬프트를 추가하면 AI가 스스로 팩트체크를 진행할 수 있습니다.

여기에 더해 주변 전문가의 검토까지 거치면 더욱 안전하겠죠. 특히 대외 발표자료나 공식문서는 믿을 수 있는 동료, 선후배, 기존 오프라인 자료, 그리고 자신의 경험 등을 총동원해 이중 삼중으로 확인하는 작업이 꼭 필요합니다. 실수 하나가 자신과 회사의 신뢰도에 큰 영향을 미칠 수 있으니까요. 정확성을 보장하는 최종 문지기 역할은 사람이 맡아야 합니다.

셋째, AI를 사람의 '대체자'가 아닌 '조력자'로 활용해야 합니다. 인공지능 예찬론자들은 "뭘 해도 챗GPT가 사람보다 낫지 않겠어?"라는 생각을 하고 있더라고요. 하지만 챗GPT 입력창 하단에는 작은 글씨로 "챗GPT는 실수를 할 수 있습니다. 중요한 정보는 재차 확인하세요"라고 분명히 적혀 있습니다. 실수의 가능성을 미리 알려서 책임을 안 지려는 거죠.

챗GPT를 '제대로' 그리고 '안전하게' 사용하려면 처음부터 AI에게 모든 것을 다 맡겨선 안 됩니다. '무엇을 어떻게 어떤 형식으로 쓸지'와 같은 큰 틀은 사람이 먼저 분명하게 정해줘야 합니다. 예를 들어 "첨부한 형식에 맞춰 빈칸을 채우면서 초안을 작성해 줘"처럼 명확한 가이드라인을 제시하면 엉뚱한 내용이 들어갈 가능성이 확 줄어듭니다.

그런데 최근에는 할루시네이션을 일부러 유도해 창의적으로 활용해 보자는 또 다른 시각도 있습니다. 마치 화가들이 우연한 붓 자국에서 영감을 얻거나 아이들의 농담에서 인사이트를 얻는 것처럼 말이죠. AI의 오류가 때로는 인간이 미처 생각하지 못한 독창적 관점을 제시할 수도 있으니까요.

예를 들어 신제품 브레인스토밍 단계에서 "우리 자동차를 화성인에게 판다면 어떤 마케팅을 해야 할까요?" "100년 후의 소비자들이 원하는 자동차 기능은 무엇일까요?"라는 질문을 던져 보면 재미있는 답변을 얻을 수 있습니다. 또는 "보고서를 단 100자 이내로 엄격히 제한한다면 어떻게 요약해야 할까요?"처럼 물어보면 글을 요약하는 획기적 방법을 배울 수도 있습니다.

1. 양질의 데이터 입력

(역할) 너는 회사 보고서 작성 전문가야.

(지시) 첨부된 내부 검증자료만 사용하여 보고서를 작성해 줘.

(제한) 추가정보를 임의로 생성하지 말고, 주어진 데이터만 활용해 줘. 불확실한 정보가 있다면 '확인 필요'라고 반드시 표시해 줘.

2. 교차검토시스템 활용

(역할) 너는 데이터 검증 전문가야.

(지시) 첨부된 보고서의 내용을 분석하고 다음 작업을 수행해 줘.

(제한) 모든 데이터의 출처를 명확히 제시하고, 사실 확인이 필요한 경우 정보를 찾아 표시해 줘.

3. 명확한 가이드라인 제시

(역할) 너는 20년 차 보고서 작성 전문가야.

(지시) 첨부된 템플릿에 따라 보고서 초안을 작성해 줘.

(제한) 정보가 부족해 추측이나 예측이 필요한 경우 명확히 '추정'이라고 표시해 줘. 임의대로 사실이라고 확정하면 안 돼.

자, 이 글의 처음으로 돌아가 볼게요. 만약 챗GPT에게 "조선왕조실록에 기록된 '세종대왕 맥북프로 던짐 사건'의 의미에 대해 설명해 줘"라고 오늘 다시 물어본다면 챗GPT는 과연 뭐라고 대답할까요? 궁금하시면 지금 바로 직접 물어보세요.

YES를 부르는 비즈니스 라이팅의 절대원칙

나는 한 사람인데
내가 어떤 직함을 갖느냐에 따라
내 의견의 무게는 전혀 달라진다.
똑같이 "오늘 짜장면 먹자"라고 말해도,
내가 궁색할 때는
"그딴 거 집어 치워. 넌 어떻게 먹는 생각뿐이냐" 하고,
내가 팀장이거나 사장 아들이면
"짜장면을 먹자니 그거 참 기분 좋은 말이네요"
이런 말이 돌아온다.
한낱 짜장면도 이럴진대 다른 건 말해서 뭐하나.

- 심윤경 《사랑이 달리다》

골든서클과 PREP

직장인은 '재즈'보다 '클래식'처럼 써야 한다

회사에서 온갖 글을 써온 지 벌써 20년이 다 되어 갑니다. 저는 늘 글쓰기에 지쳐 있으면서도, 퇴근 후와 주말에는《내일은 오를 거야, 제발》《사무실의 금쪽이들》 같은 무명의 단편소설을 꾸준히 써왔습니다. 심지어 총 1,500회가 넘는 무협 웹소설까지 남몰래 준비 중입니다.

이처럼 밥벌이부터 취미까지 다양한 글쓰기 경험을 통해 제가 깨달은 중요한 사실이 하나 있습니다. '직장인 글쓰기'와 '문학적 글쓰기'는 완전히 다른 별개의 세상이라는 점입니다. 화성과 명왕성 정도의 차이랄까요.

문학적 글쓰기를 변칙적 즉흥연주가 매력적인 '재즈'에 비유한다면, 직장인 글쓰기는 악보를 엄격히 따르는 '클래식'이라고할 수 있습니다. 또한 문학적 글쓰기가 자유로운 붓칠과 다양한색으로 감정과 상상력을 마음껏 표현하는 '추상화'라면, 직장인글쓰기는 정확한 선과 비율로 그려내는 '건축 설계도'에 가깝습니다.

문학적 글쓰기 vs 직장인 글쓰기

이렇게 다른 두 가지 유형의 글쓰기는 '독자' '목적' '형식' 등3가지 측면에서 입체적으로 살펴볼 때, 그 차이가 더욱 분명하게 드러납니다.

첫째, 글의 '독자'가 다릅니다. 문학적 글쓰기는 대체로 독자가 누구인지 명확히 구분짓지 않고 글을 씁니다. 반면 직장인글쓰기는 독자의 소속, 직급, 이름이 처음부터 분명히 특정되어있습니다. 프로젝트 제안서를 검토할 김 부장님, 분기별 보고서를 기다리는 황 팀장님, 혹은 전략 계획에 대한 의견을 요청한

박 상무님이 바로 직장인 글쓰기의 독자입니다. 또한 이분들은 우리의 업무 평가, 승진, 심지어 해고 여부까지 결정할 수 있는 중요한 위치에 있습니다. 그렇기 때문에 독자 중심에서 이해하기 쉽도록 써야 하며, 불필요한 말은 줄이고 핵심부터 말해야 합니다. 또 예의 바르고 정확하게 써야 합니다.

둘째, 독자가 다르니까 글의 '목적'도 완전히 다릅니다. 문학적 글쓰기는 자신의 감정과 상상을 담고, 독자의 감동이나 공감을 불러일으키는 글입니다. 하지만 우리가 회사에서 쓰는 글은 상사를 설득하고, 의사결정을 돕고, 조직목표 달성에 기여하는 것이 그 핵심입니다. 개인적 감정을 드러내기보다는 객관적 사실과 통계를 근거로 결재라인이 원하는 결론을 최대한 빨리 제시해야 합니다. 그분들의 마음속에 숨겨진 정답을 최대한 빨리 찾아, 그 생각을 정리하고 고민을 덜어주는 것이 바로 '비즈니스 라이팅'의 본질입니다.

셋째, 독자와 목적이 다르니까 '형식'도 달라집니다. 문학적 글쓰기에는 주인공의 독백이나 허를 찌르는 반전 같은 흥미로운 서사적 장치가 있으면 더욱 재밌어집니다. 독자의 뒤통수를 세게 치고, 알 듯 말 듯한 깨달음이 꽁꽁 숨겨져 있을수록 사람들은 큰 박수를 보냅니다. 하지만 보고서, 보도자료, 기안서 등의 직장인 글쓰기는 정해진 형식과 규칙을 충실하게 따라야 합니다. 모두가 동일한 문법을 지켜야 서로 간의 오해가 줄고 의사결정이 빨라지기 때문입니다. 그래서 짧고, 쉽고, 정확하게 표현해야 합니다.

골든서클 구조로 글의 중심 잡기

직장인 글쓰기에 도움이 되는 방법으로, 저는 항상 '골든서클 Golden Circle'과 '프렙PREP'을 꼽습니다. 치열한 글쓰기 현장에서 오랫동안 구르며 살다 보니 이것만큼 설명이 간단하고 효과까지 확실한 게 없더라고요.

먼저 골든서클은 동기부여 전문가 사이먼 사이넥이 제안한 커뮤니케이션 모델 중 하나입니다. 양궁 과녁처럼 3개의 동심원으로 구성되어 있는데, 안쪽부터 '왜Why' '어떻게How' '무엇What'이 차례대로 매겨져 있습니다. 사람들은 보통 '무엇What'에 대한 이야기부터 꺼내곤 하는데, 사이넥은 성공하는 리더는

'What'이 아니라 가장 안쪽의 'Why'에서 시작해 바깥쪽으로 나아간다고 설명합니다. 누군가에게 상품을 팔아야 한다고 가정할 때 '이 상품의 장점이 무엇인지'를 장황하게 이야기하기보다는 '고객에게 지금 이것이 왜 필요한지'부터 고민해야 한다는 말이죠.

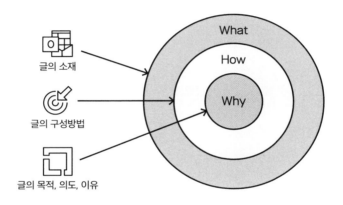

골든서클을 직장인 글쓰기에 적용해 보면 '왜Why'부터 스스로 정리해야 합니다. 이 보고서를 지금 '왜' 작성해야 하는지, 이 정보가 상사에게 '왜' 필요한지, 이 연설을 사장님이 '왜' 해야 하는지 등 글의 목적과 이유를 여러 측면에서 먼저 따져 놓아야 글이 이리저리 방황하지 않고 핵심을 관통할 수 있거든요.

'왜Why'가 선명해지면 그다음으로 '어떻게How'를 고민하며 가장 효과적인 메시지 전달방법을 결정해야 합니다. 새로운 아이디어를 제안하는 보고서라면 창의적이고 설득력 있는 방법이 필요하고, 문제해결을 다루는 제안서라면 데이터와 논리가 뒷받침되어야 합니다. 글의 구조, 정보의 배열순서, 복잡한 정보의 쉬운 설명방법, 주장과 예시의 비중 등을 고려해야 합니다.

 끝으로 '무엇을What' 단계에서는 '왜Why'와 '어떻게How'를 통해 결정한 방향에 맞춰 글의 내용을 풍성하게 채워갑니다. 즉, 글의 목적과 구조에 맞는 정확한 데이터, 구체적 사례, 명확한 논리 등이 필요합니다.

 이렇게 작성된 초안을 검토할 때는 '그래서 뭐?So What'라는 얄미운 질문을 반복하며 완성도를 높입니다.

 이 책의 기획의도와 특징들을 골든서클 관점에서 분석해 달라고 챗GPT에게 물었더니, 다음과 같은 답을 바로 해주네요. 제가 혼자 정리했더라면 1시간은 걸릴 일을 단 30초 만에 해결했습니다. 저보다 정확합니다.

(역할) 너는 직장인 역량 개발 전문가이자 베스트셀러 출판마케터야.
(맥락) 이 책의 특장점을 골든서클을 활용해 분석하고 싶어.
(지시) 핵심을 각각 2줄로 요약해 줘.

1. Why (책의 목적)
직장인들이 글쓰기 스트레스에서 벗어나, 챗GPT를 활용해 더 효율적이고 성공적인 커리어를 쌓을 수 있도록 돕습니다.

2. How (책의 구조)
직장인 글쓰기의 절대원칙, 챗GPT 활용법, 그리고 실전 프롬프트를 단계별로 제시합니다.

3. What (책의 내용)
다양한 글쓰기 유형에 맞춘 구체적 프롬프트와 고급 글쓰기 기술, 그리고 자기계발과 퍼스널브랜딩으로서의 글쓰기 비전을 제공합니다.

PREP 구조로
글의 중심 잡기

그다음 소개해 드리고 싶은 글쓰기 방법은 주장Point, 이유 Reason, 예시Example, 재강조Point Again의 앞 글자를 딴 '프렙PREP'입니다. 앞에서 설명한 골든서클이 글쓰기 '전략Strategy' 수립에 집중한다면, PREP은 글의 논리적 '구조Structure'를 짜는 데 효과적입니다.

PREP의 대표적 사례 중 하나는 제2차 세계대전 초기에 영국 수상 처칠이 의회에 호소했던 참전 연설입니다. 당시는 영국군과 연합군이 프랑스의 덩케르크 해변에서 대규모 철수 작전을 막 완료한 시점이었습니다. 프랑스 함락이 임박했고, 영국은 일촉측발의 위협에 직면해 있었습니다. 미국은 아직 전쟁에 참여하지 않고 있어, 독일과 맞서는 건 그야말로 영국 혼자인 절박한 상황이었죠.

군더더기가 거의 없는 이 연설은 PREP 구조를 완벽하게 활용하고 있습니다. "우리는 싸울 것입니다"라는 주장을 먼저 명확히 하고, 그 이유를 두 가지로 설명한 뒤, 전쟁의 구체적인 예시를 들고, 마지막으로 "우리 모두 전진합시다"라는 주장을 다

[PREP이 적용된 영국 수상 처칠의 의회 하원 연설]

우리는 가장 심각한 시련을 앞두고 있습니다. 우리는 길고 긴 투쟁과 고통의 세월들을 앞두고 있습니다. 우리는 싸울 것입니다.	**주장(Point)** 짧고 분명하게, 한 가지 주장만
여러분은 이렇게 물을 것입니다. 왜 싸우는가? 승리에 이르는 길이 아무리 멀고 험해도 승리 없이는 생존도 없기 때문입니다. 승리 없이는, 대영제국도, 대영제국이 버티어 온 모든 것들도, 대영제국이 만들어 갈 그 어떤 것도 존재할 수 없기 때문입니다.	**이유(Reason)** 중요도 순, 정확하고 명확하게
우리는 프랑스에서 싸우고, 바다와 대양에서 싸울 것입니다. 우리는 점점 커져 가는 자신감과 힘을 바탕으로 하늘에서 싸우고 우리의 섬을 지켜낼 것이며 어떤 값을 치르더라도 우리는 해안에서, 상륙지점에서, 그리고 들판과 거리에서, 또 언덕에서 싸울 것입니다.	**예시(Example)** 주장을 뒷받침
자, 단합된 힘을 믿고 우리 모두 전진합시다.	**재강조** **(Point Again)** 발전된 제안

시 강조합니다. PREP 구조를 활용하면 거의 모든 비즈니스 라이팅에서 핵심메시지를 독자에게 효과적으로 전달할 수 있습니다.

골든서클과 PREP 구조는 회사에서 쓰는 모든 글, 그리고 글쓰기를 위한 수많은 프롬프트를 작성할 때 자주 쓰는 핵심원리입니다. 이걸 이해하고 AI에게 지시하는 것과 그렇지 않은 것은, 나침반을 들고 항해하는 것과 별을 보고 가는 것만큼의 큰 차이가 있습니다.

로그라인과 두괄식

좋은 글은
'첫 문장'이 전부다

충무로의 영화 제작자들과 방송국의 드라마 PD들은 시나리오 제안을 받으면 가장 먼저 이렇게 물어본다고 합니다.

"그래서 무슨 내용인데? 로그라인이 뭐야?"

이때 '로그라인'은 이야기의 핵심방향을 알려주는 단 하나의 문장을 뜻합니다. 해당 작품만의 고유한 특성을 한눈에 알려 줘야 하기 때문에 추상적인 부분은 최대한 줄이고, 주요 인물, 갈등, 목표를 압축해 작성합니다. 작가들은 "로그라인이 확실해야 이야기가 딴 곳으로 새지 않고 본래 목적에 충실해진다"라고 입을 모아 말합니다.

극단적으로 말하면 로그라인이 뛰어나야 훌륭한 작품이고, 뛰어난 작품은 언제나 강력한 로그라인을 가지고 있습니다. 아무리 작품이 훌륭하고 표현이 아름다워도 로그라인이 어설프면 거기서 끝입니다.

드라마 〈도깨비〉는 '불멸의 도깨비, 기억상실 저승사자, 그리고 인간 신부의 기묘한 운명'이라는 한 줄의 로그라인으로 요약됩니다. 〈오징어 게임〉의 로그라인은 '456억 원 상금이 걸린 미스터리 서바이벌에서 펼쳐지는 생존게임'으로 정리할 수 있습니다.

또한 블록버스터의 시초로 꼽히는 영화 〈조스〉의 로그라인은 '물 공포증을 가진 경찰서장이 식인 상어와 싸우면서 상어보다 잔인한 시의회의 탐욕을 마주한다'입니다. 할리우드 제작자들은 이 간결하고 흥미로운 로그라인을 듣자마자 투자를 즉시 결정한 것으로 알려져 있죠.

로그라인이 영화나 드라마의 이야기 핵심을 한 문장으로 요약한다면, 두괄식 글쓰기는 요청·제안·정보전달 등의 주요 내용을 첫 문단에 먼저 제시합니다. 두괄식 글쓰기를 통해 상사는 보고의 방향을 즉시 파악할 수 있고, 작성자는 핵심 아이디어를 명확하게 전달할 수 있습니다. 로그라인을 보고 작품을 판단하

업무시간을 반으로 줄이는 챗GPT 글쓰기

는 제작자나 PD처럼, 상사는 항상 결론부터 알고 싶어 합니다.

두괄식 글쓰기의
3가지 쓸모

회사에서 두괄식 글쓰기가 유용한 이유는 여러 가지입니다.

첫째, 상사의 시간을 아껴줄 수 있습니다. 하버드비즈니스리뷰에 따르면, 임원진은 하루 평균 30개 이상의 문서를 검토하며, 각 문서당 3분 이상 시간을 쓰기 어렵다고 합니다. 이때 '3분기 매출 30% 증가, 신규 마케팅 전략의 성공'과 같은 문장은 상사가 필요한 내용만 선택적으로 읽을 수 있게 해줍니다. 반면 '3분기 매출의 비밀은?' 이렇게 시작하는 글은 상사를 짜증나게 할 뿐입니다. 아무리 글 속에 보물이 숨겨져 있어도 그분들은 찾으러 나갈 시간도 마음도 없으시거든요.

둘째, 글을 쓰는 입장에서도 생각이 또렷해집니다. 결론을 첫 문장에 두면 마치 닻을 내린 배처럼 글이 한곳에 정박해 있습니다. 모든 문장이 하나의 결론을 향해 정렬되며, 불필요한 내용은 자연스럽게 걸러지죠. 아마존의 CEO 제프 베조스는 "결론을 먼저 쓰지 못하는 사람은 자신의 생각을 정리하지 못한 사람"이라고 말합니다.

셋째, 고민과 검증이 빨라집니다. 결론을 먼저 읽으면, 그 주장이나 의견이 타당한지를 첫 장에서부터 계속 검증할 수 있습니다. 예를 들어 '신규 시장 진출로 매출 20% 증가 예상'이라는 첫 문장을 먼저 읽은 상사는 이어지는 데이터와 주장들이 사실에 부합하는지를 더욱 날카롭게 분석할 수 있습니다.

물론 글의 구성이 꼭 두괄식만 있는 건 아닙니다. 처음-가운데-끝의 3단 구성, 기-승-전-결의 4단 구성, 발단-전개-위기-절정-결말의 5단 구성 등 여러 형태가 있죠. "보고서가 꼭 두괄식이어야만 하냐? 배경부터 차근차근 설명하면 이해가 더 쉽지 않냐?"라고 반문할 수도 있습니다. 소설 중에는 열린 결말도 있고, 무엇이 결론인지 영 모르는 미스테리한 마무리도 여럿 있으니까요.

하지만 분명히 말씀드리자면 일상언어나 문학작품과 달리 회사에서 쓰는 모든 글은 '두괄식'이어야 합니다. 회사의 글은 단순한 친교나 감동의 도구가 아니니까요. 직장인의 글은 상사의 의사결정을 돕고, 조직의 문제를 해결하며, 회사의 시간을 아끼는 실용적 도구입니다. 결론을 숨겨 놓거나 빼먹는 것만큼 최악의 비즈니스 라이팅은 없습니다. 핵심메시지가 분명하고 먼저 나와야 전달하는 사람이나 받는 사람이나 모두 혼란스럽지 않습니다.

두괄식으로 글을 쓰는 쉬운 방법

두괄식으로 글을 쓰는 방법은 생각보다 쉽습니다. 산에 오르기 전에 정상을 먼저 바라보는 것처럼, 글을 쓰기 전에 글의 목적을 검토하는 것부터 시작하면 됩니다. '이 글의 핵심메시지는 무엇일까' '상사나 동료가 이 글을 읽고 어떻게 반응하기를 원하나' '이 글이 해결해야 하는 과제는 무엇인가' 이런 질문들에 대답할 수 있는 단 하나의 문장을 찾아야 합니다. 마치 배가 등대를 향해 나아가듯, 첫 문장은 글 전체의 방향을 결정합니다.

그다음으로 내가 내린 결론을 가장 명확하고 단순한 언어로 표현해 봅니다. '3분기 매출이 신규 마케팅으로 30% 증가했습니다'처럼 구체적이고 직접적인 문장을 써야 합니다. '해외시장 진출을 위해 5,000만 원의 추가 예산이 필요합니다'와 같이 목적, 수치, 기대행동이 분명한 문장이어야 합니다. 조각가가 돌을 깎아내듯, 불필요한 수식과 모호한 표현은 과감히 지우세요.

마지막으로, 첫 문장을 다시 점검해 봐야 합니다. 결론이 30초 안에 이해될 만큼 명확한가요? '매출이 늘었다'가 아닌 '3분기 매출 30% 증가'처럼 구체적 숫자와 행동이 담겨 있나요? 무엇보다 상사가 이 문장을 읽고 바로 결정을 내릴 수 있나요? 두괄식 글쓰기의 목적은 첫 문장부터 상사를 이해시키는 것이기 때문에, 무사가 칼을 벼리듯 몇 번이고 다듬어야 합니다.

맥킨지의 분석에 따르면 모바일 환경에서 독자의 평균 집중 시간은 고작 8초에 불과하다고 합니다. 두괄식 글쓰기는 이 짧은 시간 안에 독자의 관심을 끌고 핵심메시지를 전달하기 위한 최적화된 커뮤니케이션 방식입니다. 오늘 빨리 퇴근하고 내년에 승진하려면 두괄식을 믿으셔야 합니다.

복명복창

'아부'를 잘해야
글도 잘 쓴다

"그 사람, 아부 참 잘해!" 이런 뒷담화엔 '실력 없이 승진했다'라는 비난과 조롱이 은연중에 담겨 있습니다. 그런데 "그 사람, 아부도 참 잘해!"라고 조사 하나만 붙이면 의미가 미묘하게 달라집니다. 일을 잘하는데, 소통능력까지 겸비했다는 '칭찬과 질투'로 바뀌는 거죠.

사전적으로 '아부阿附'는 목적 달성을 위해 알랑거리는 행동이지만, 이걸 직장에서 제대로 잘하는 게 얼마나 어려운지는 직접 해보기 전엔 절대로 모릅니다. 현실의 아부는 단순히 비위를 맞추고 시중을 드는 게 아니라, 상대방의 마음을 이해하고 움직이는 고도의 소통능력입니다. 그리고 비즈니스 커뮤니케이션 측면에서 볼 때, 아부와 직장인 글쓰기의 본질은 놀랍도록 닮아 있습니다.

아부와 글쓰기의 공통점

첫째, 아부와 글쓰기는 둘 다 '복명복창'을 잘해야 합니다. 군대 용어인 복명복창은 내용이 정확히 전달되었는지 확실히 하기 위해 '상급자가 내린 명령, 지시를 하급자가 되풀이해서 말하는 것'입니다. 회사에서는 단순히 반복하는 것 이상입니다. 상사의 짧은 말이나 행동에 담긴 맥락과 뉘앙스를 실무자 입장에서 더 명확하고 쉽게 풀어 설명하는 고수들만의 업무 소통방법입니다.

상사가 "이번 업무는 좀 까다롭네"라고 말했을 때 "그러게요!"라며 고개만 까딱거리는 건 초보입니다. 베테랑은 그 의미를 확대하고 구체화해 "제가 볼 때도, 산업정책이나 소비자 추세 측면에서 복잡한 요소들이 많습니다. 하지만 팀장님이 계시니까 이런 점만 잘 해결하면 제때 완료할 수 있을 겁니다"라고 의미를 확대해 말합니다. 상사의 우려에 공감하면서 나름대로의 긍정적 해결책을 제시하고, 상사에 대한 존경심까지 살짝 드러내는 거죠.

회사에서 글을 잘 쓰려면 복명복창의 형식으로 '상사의 기준'을 정확히 파악해야 합니다. 상사의 입장, 고민, 기대상황 등을 제대로 알고, 단어 하나, 뉘앙스 하나에도 세심하게 귀를 열고 힌트를 모아야 합니다. 이 글을 왜 쓰는지, 얼마나 중요한지, 어디까지 보고되는 자료인지, 언제까지 해야 하는지 최대한 많이 물어야 합니다. 복명복창을 하면 상사 입장에선 '내 말을 잘 이해하고 있구나'라고 안심을 할 수 있으니까 오히려 좋아합니다. 이런 과정을 노골적으로 귀찮아하고 "나한테 묻지 말고 알아서 잘 써와!"라는 상사가 있다면 사실 그분도 잘 모르는 겁니다. 그분이 로열패밀리가 아니라면 곧 나가게 되실 거니 너무 걱정하지 마세요.

둘째, 아부와 글쓰기에는 '사실과 진심'이 담겨 있어야 통합니다. 진짜 듣기 좋은 아부는 '정확한 사실에 기반해서 진심을 일정 수준 이상 절묘하게 섞은 칭찬'입니다. "팀장님 정말 천재세요!" "실장님 사랑합니다!" 뭐 이런 식의 터무니없는 '아무

말 대잔치' 같은 아부는 지속가능하지 않습니다. 오히려 '저놈이 지금 날 돌려 까는 건가?' 이런 의심만 사죠.

저는 이렇게 아부를 합니다. "상무님, 지난번 알려주신 극장 틈새광고 아이디어 정말 좋았습니다. 그 덕분에 마케팅 비용을 30% 절감했는데 효과는 더 좋았고요. 제가 또 배웠습니다." 이 때 상사의 철학이나 가치관에 공감해 주는 것도 꽤 효과적입니다. "항상 강조하시는 주인의식이 얼마나 중요한지 잘 몰랐는데, 이번에 절감했습니다."라고 말이죠. 혹시 상사가 책을 출간했다면 반드시 다 읽고 포스트잇을 주렁주렁 붙여 자연스럽게 보여주세요.

직장인이 아부를 부끄러워할 필요는 전혀 없습니다. 우리는 모두 누군가에게 인정받고 싶고, 그걸 알아주는 사람이 내심 고마운 법이고, 그걸 정확히 긁어주는 게 바로 아부의 핵심이니까요. 회사생활이라는 게 원래 다 그렇습니다. 보통사람들이 모여 서로 의지하고 인정해 주면서 혼자라면 못했을 일을 함께하는 게 회사입니다.

아부와 마찬가지로, 회사에서 쓰는 모든 글에도 '사실과 진심', 즉 '데이터와 인사이트'가 꼭 들어가야 합니다. '전년 대비 300% 성장' '뼈를 깎는 혁신'처럼 현실에 전혀 맞지 않거나 과장된 소리를 뻔뻔하게 나열하면 신뢰도와 주목도가 확 떨어집니다. '매출이 하락하고 있다'라는 남들 다 아는 현상만 이야기하기보다는, 어떻게 하면 매출을 올릴 수 있을지 나만의 생각까지 담으면 더 좋은 글이 됩니다.

셋째, 아부와 글쓰기는 모두 그분의 '맥락과 취향'을 정확히 읽어내야 합니다. 아부를 잘하려면 상사의 표정과 기분은 물론 그분이 사용하는 언어와 표현, 말투까지 파악하고 활용해야 합니다. 사람들은 자신이 익숙하고 편안하게 느끼는 표현에 더 긍정적으로 반응하기 때문입니다.

상사가 등산을 즐긴다면 "정상을 향해 나아가겠습니다"라고 말하고, 자전거를 탄다면 "목적지를 향해 페달을 계속 밟겠습니다"라고 상사 친화적으로 표현을 바꿔보는 것이 좋습니다. 상사를 진심으로 좋아하기는 어렵겠지만, 좋아하는 척이라도 해야 아부를 할 수 있습니다. "난 마음에 없는 소리는 못해!"라면서 계속 버티면 상사도 어느 순간 마음에 담아둔 말을 내뱉습니다. "이제 그만 나오는 게 좋겠어요!"라고요.

아부와 마찬가지로, 회사에서 글을 쓸 때도 상사의 심리와 입장을 파악해야 합니다. 예를 들어 재무팀장에게는 수익성과 리스크를 강조하고, 회사가 비상경영을 선포할 시점에는 도전적인 신규사업 제안보다는 현실적인 개선방안을 제시하는 식으로, 같은 내용이라도 누구를 위해, 언제, 무슨 상황에서 쓰느냐에 따라 전략적으로 다르게 써야 합니다.

한두 번 하고 말면 아부가 아첨阿諂이 되지만, 계속하면 충성심이 됩니다. 아부를 망설이지 마세요. 이걸 잘해야 회사에서 글도 잘 쓸 수 있습니다. 회사에서 글을 잘 쓰는 게 일을 잘하는 겁니다.

상사의 '지적질'을 고마워해야 글이 좋아진다

　세계적인 소설가 하루키는 작품을 마무리하기 전에 아내에게 가장 먼저 보여 주는데, 조금이라도 트집 잡힌 부분은 어떤 식으로든 고친다고 합니다. "가끔은 짜증이 밀려올 때도 있지만, 나중에 보면 고친 글이 더 좋았던 적이 많으니 안 고칠 이유가 없다"라고 말합니다. 16만 베스트셀러를 쓴《말놀이 동시집》의 시인 최승호도 딸에게 항상 피드백을 받는데, 열 살 아이가 "재미없다"고 하면 아무리 아까워도 처음부터 새로 썼다고 합니다.

　문학적 글쓰기만 이런 게 아닙니다. 대통령의 연설문을 작성했던 강원국 작가도 피드백과 반복수정의 중요성을 여러 번 강조합니다. 청와대에서는 여러 관계부처의 실무자와 책임자가 참석해 '강독회講讀會'라는 과정을 거치는데, 여기서는 계급장을 떼고 연설문을 소리 내어 함께 읽으면서 의견을 자유롭게 낸다고 하죠. 이때 누군가가 "이 부분이 자꾸 '틱틱' 걸리는데"라고 말하면 문장이 어색한 이유를 명확하게 설명하지 못하더라도 그럴 만한 이유가 있다고 보고 시간을 들여 수정했다고 합니다.

저도 회사에서 '강독회'를 합니다. 이·취임사, 신년사, 창립기념사, 비전선언문, 사과문 등 중요한 메시지를 쓸 때는 비서실, 연구원, 기획부서, 영업부서 등의 차부장급을 힘들게 불러 모읍니다. 이들은 이 자리에서 어떻게든 문제점을 찾아내려고 눈에 불을 켜기 때문에 담당자인 저로서는 가시방석일 수밖에 없습니다. 날카로운 지적을 들을 때마다 속으로 신음하게 되고, 밑줄 하나하나가 저를 흉보는 것 같아 얼굴이 달아오릅니다.

하지만 불편하고 괴롭다고 이 과정을 생략하면 나중에 더 큰 일이 생깁니다. 그걸 잘 알기 때문에 저는 강독회에 오신 분들께 정말 감사한 마음을 가지고 있습니다. 강독회 덕분에 그때는 맞았는데 지금은 틀리거나, 뉘앙스가 부적절하거나, 시의성이 떨어지는 문장들을 걸러낸 적이 여러 번 있었거든요. 심지어 날짜, 숫자, 이름, 한자처럼 확실하게 틀린 걸 마지막 강독회에서 겨우 발견한 적도 있었고요. 수십 명이 그렇게 읽었는데도 몰랐다는 게 신기할 정도입니다. 지금 생각해도 가슴이 철렁합니다.

흔히들 "글쓰기 실력을 키우려면 글을 주변에 많이 보여줘야 한다"라고 말합니다. 하지만 이게 말이 쉽지, 사실 다 큰 성인들에게는 꽤나 불편하고 부담되는 일입니다. 부끄러워서, 아직 완성하지 못해서, 놀림을 받을까 걱정되어서, 혹은 실력이 드러날까 두려워서 등 체면이나 자존심 때문에 보여주기 어렵죠.

그런데 개인적인 일기도 아니고, 보고서·제안서·보도자료 그리고 말씀자료 등 회사에서 쓰는 글을 꽁꽁 감춰두고 혼자 쓰려다가는 공동의 프로젝트를 완전히 망칠 수도 있습니다. 회사에서 그 뒷감당은 잠깐 창피한 걸로 끝나지 않고, 개인과 조직에 치명적 실수와 피해로 이어집니다.

글쓰기 피드백을 잘 받는 방법

회사에서 글쓰기 피드백을 잘 받으려면 지나치게 방어적인 자세를 버려야 합니다. 저분들은 수다쟁이 꼰대 간섭꾼이 아니라, 모른 척 넘어가도 될 남의 일에 정성과 관심을 쏟아주는 참 고마운 분들인 겁니다. 혼자 감당하기 어려운 큰 고민과 책임을 나눠 짊어지고 계시니 적군이 아니라 사실은 아군인 거죠. 내가 글을 잘 써야 저분들도 자신의 상품과 서비스를 세상에 더 잘 알릴 수 있고, CEO와 경영진의 메시지를 효과적으로 전달할 수 있습니다. 어차피 저분들과 우린 한배를 탄 운명이죠.

그리고 피드백을 받기만 해서는 안 되고, 그것들을 구체적으로 메모해서 퇴고 단계에 맞춰 분류하는 게 더 중요합니다. 가장 기초적인 '단어수정'은 띄어쓰기, 맞춤법을 고치고 부정확한 단어를 바꾸는 단계입니다. 그다음으로는 주술호응을 따지고 구조를 재배열하는 '문장수정', 중심문장과 뒷받침문장의 논리적 연결과 핵심메시지를 검토하는 '문단수정', 글의 주제나 제목의 적합성을 따져 보는 '글 전체수정' 등으로 중요도와 수정 범위를 미리 나눠 놓으면 글을 좀 더 효과적으로 고칠 수 있습니다.

그렇다고 모든 피드백을 다 반영해서는 안 됩니다. 모든 손님의 입맛을 다 맞추려고 온갖 재료를 다 넣으면 나중에는 무슨 요리인지 모르게 되는 것처럼, 여러 상충된 부서의 수정사항을 기계적으로 다 반영하려다가는 오히려 글의 목적과 핵심메시지가 흐려질 수 있거든요. 글쓰기를 시작하고 완성하는 건 누가 뭐래도 결국 '나'라는 사실을 명심하세요. 또한 글의 최종 독자인 부장, 사장, 클라이언트를 염두에 두면서 기준에 따라 선별적으로 수정해야 합니다. 이런 판단을 제대로 못하고 모든 피드백을 다 반영하다 보면 나중에는 정체를 알 수 없는 글이 나옵니다. 책임은 혼자 져야 하고요.

오늘 상사와 동료의 날카로운 지적을 받았다면, 그 덕분에 내일 쓸 글이 조금 더 좋아지고, 승진도 조금 더 빨라졌다고 생각해 보세요. 실제로 피드백을 적극적으로 받아들이는 직원들의 업무 성과가 평균 37% 더 높고 2배 가량 빨리 승진했다는 흥미로운 연구결과도 있죠. 직장인의 글쓰기는 상사의 거친 피드백을 먹고 자랍니다.

문체

상사의 문체를 읽어내면 승진이 보인다

종로5가의 삼양그룹 홍보실에서 언론 담당 과장으로 일할 당시, 2014년에 삼양그룹이 창립 90주년을 맞았습니다. 특명이 떨어졌죠. 구순九旬을 바라보는 명예회장님께서 창립기념사를 직접 낭독하기로 하셨으니, 그분께서 감동받아 눈물을 흘릴 정도로 기념사를 잘 써오라는 겁니다. 농담 섞인 말이었지만, 직속상사의 직속상사가 직접 건넨 말이라 실무자인 저로서는 긴장할 수밖에 없었습니다. 몇 주간 수십 가지 버전을 만들었는데, 결론적으론 실패했습니다. 그분께서 고객만 끄덕일 뿐 전혀 울지 않으셨거든요.

나중에 쫑파티 개념의 정갈한 식사 자리가 따로 마련되었는데, 명예회장님을 잠시 뵐 기회가 있었습니다. 직원들을 격려하시던 그분께서 "창립기념사에 좋은 말이 많던데, 진짜 내 이야기는 하나도 안 들어 갔더라!"는 말을 불쑥 꺼내셨습니다. 저는 그 순간 숨이 턱 막혀서 그 비싼 밥을 절반도 못 먹고 물만 대여섯 잔 마시고 말았습니다.

몇 년 후 옮긴 새 직장에서는 온전히 연설문을 전담하게 되면서 창립기념사를 포함해 신년사까지 매년 작성했습니다. 회사의 핵심현안과 기술 트렌드, 국내외 정책 현황 등을 모두 분석해 나름대로 심혈을 기울였죠. 실무적으로는 깔끔하게 잘 썼다고 자신했는데도 '그분'들의 첫 번째 대답은 항상 "다시 써!"였습니다. 역사가 달라지는 것도 아니고, 1년마다 놀라운 성과를 내는 것도 아니고, 심지어 회사의 사업구조나 시장 상황이 똑같은데, 어떻게 매번 다르게 써오라는 건지 몰라 머리가 지끈거렸습니다. 어디에 방법을 물어볼 수도 없고, 누가 대신 한 글자도 써주지 않는 그런 순간이 올 때마다 제 능력의 한계를 절감하곤 했죠.

문체는 기성복이 아닌 '맞춤복'

그분들 탓이 아닙니다. 곰곰이 생각해 보면 그분들의 요구나 관심은 확실하고 일관됩니다. 한마디로 '멋진 기성복'이 아니라, 고객의 체형, 자세, 취향, 습관, 직업, 그리고 스타일까지 정확히 반영된 '맞춤복'을 지어오라는 거였죠. 이런 관점에서 그동안 반려되었던 말씀자료를 다시 뜯어보니 참 부끄럽고 참담했습니다. 자료와 기록, 그리고 글솜씨에만 의존해 남들이 다 아는 뻔한 소리만 반복하고 있었거든요. 딱히 틀린 것 없이 '적당히 두루 맞는 말'인 건 분명한데, 가장 중요한 그분의 평소 언어습관이나 말투와는 거리가 있었습니다. 좋은 콘텐츠를 다 찾아놓고도 '그분의 목소리', 즉 문체文體를 찾아내는 단계에서 실패했던 거죠.

'문체'는 비유와 상징, 리듬, 문장 길이, 논리구조, 사고방식, 가치관, 경험, 말투, 개성 등이 종합적으로 반영된 일종의 '언어적 지문'입니다. 오바마와 트럼프의 문체가 완전히 다른 것처럼, 결국 같은 내용을 담는다 해도 어떤 문체가 적용되었는지에 따라 글의 느낌은 완전히 다를 수밖에 없죠.

상사의 문체를 찾아내는
3가지 방법

　저뿐만 아니라 모든 직장인은 회사에서 '상사의 글'을 대신 쓰고 있습니다. 팀장, 실장, 본부장, 상무, 그리고 사장님이라 불리는 '상사의 문체'를 이해하고 담아내는 것이 바로 업무의 마지막 완성도를 결정짓는 '숨은 디테일'입니다. 그렇다면 상사의 문체를 어떻게 찾아내고 반영할 수 있을까요?

　첫째, 그분의 말과 글의 자취를 '스토커'처럼 따라다녀야 합니다. 이메일, 업무지시, 보고서 피드백 같은 회사 내부자료뿐 아니라, 인터뷰, 저서, 술자리 발언까지 샅샅이 뒤져보는 거죠. 그분의 말과 글을 일정량 이상으로 모아 놓으면 상사가 선호하는 단어, 논리전개 방식 등의 언어사용 패턴을 발견할 수 있습니다. 제가 모신 사장님 중 한 분은 "~하십시다"라는 입버릇이 있으셨는데, 그 표현만 잘 잡아내도 생생한 음성지원을 할 수 있습니다. "감사합니다"라고 쓰지 않고 꼭 "고맙습니다"라고만 쓰는 분도 계십니다. "즉" "~함으로써"라는 보고서의 명확한 표현을 즐겨 쓰는 분도 있고요.

둘째, 상사가 반복적으로 지우거나 고친 표현에도 단서가 숨어 있습니다. '이 표현을 왜 지웠을까?' '이걸 왜 바꿨을까?'를 골똘히 고민하고 분석하면 거기엔 다 나름의 이유가 있습니다. 예를 들어 '실패'를 '부진'으로, '문제 발생'을 '과제 발굴'로, '실패'를 '성장기회'로 고쳤다면, 그분은 조직의 충격을 완화하고 직원의 사기를 높이는 데 관심이 많다는 뜻입니다. 이런 수정 패턴을 정리해 놓으면 상사가 선호하는 표현으로 처음부터 작업할 수 있어 수정작업이 줄어듭니다.

셋째, 가장 중요한 건 그분을 최대한 자주 만나는 겁니다. 상사를 멘토나 부모처럼 따르긴 어렵겠지만, 장점에 주목하면서 최대한 좋아하려고 노력해야 회사에서 글을 잘 쓸 수 있습니다. 특히 공식적 회의 자리보다는 점심시간이나 티타임처럼 편안한 분위기에서 대화를 나눌 때 상사의 진짜 생각과 표현방식이 드러납니다. 기회가 된다면 "이전 보고서에서 어떤 부분이 좋았고, 어떤 부분이 아쉬웠는지" 넌지시 여쭤보는 것이 가장 확실합니다. 많은 직장인들이 '괜히 상사를 귀찮게 하지 않을까' 하는 생각을 갖고 있지만, 의외로 대부분의 상사들은 부하직원들과 소통하는 것을 좋아합니다. 일을 더 잘하고 싶다는데 마다

할 이유가 없죠.

이러한 3가지 방법으로 상사의 문체를 파악하고, 다음번 보고서에 반영해 보세요. 혹 그게 사투리거나 비속어여도 그 표현과 뉘앙스를 글에 최대한 반영하는 것이 좋습니다. 그래야 "글은 잘 썼는데, 뭔가 좀…"이라는 애매한 질책이 아니라 "내 머릿속에 들어갔다 나온 것 같다!"라는 확실한 칭찬을 듣습니다.

클로드를 활용한
문체 분석

클로드Claude를 활용하면 그분의 문체를 찾아내는 이 어려운 작업을 손쉽게 할 수 있습니다. 2024년 11월에 문체생성 서비스를 새롭게 추가했거든요. 기본적으로 격식체Formal, 간결체Concise, 설명체Explanatory 3가지 스타일을 제공하는데, 상사의 문체를 따로 학습시키면 더 정교한 결과를 얻을 수 있습니다.

클로드에게 상사의 문체를 학습시키려면 그분이 직접 작성했거나 수정한 보고서, 연설문, 이메일 등의 여러 문서들을 일단 수집해야 합니다. 자료가 충분히 수집되면 하단 프롬프트 입력창의 만년필 모양 Choose Style 탭을 누르고 'Create & Edit Style' 버튼을 클릭해 'Customize your styles' 창을 엽니다. 여기에 파일들을 업로드하면 1년이 걸려도 잘 모르겠던 상사의 스타일 분석이 1분 만에 끝납니다.

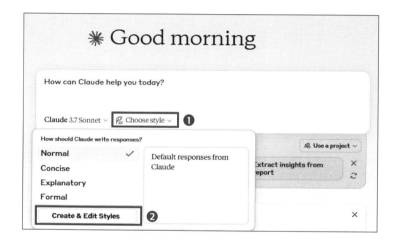

그다음 "이 문체는 논리적이고 간결한 문장으로 구성됩니다" "숫자와 데이터 기반으로 논리를 전개합니다" "격식을 갖춘 구어체로 서술합니다"와 같은 추가정보를 구체적으로 입력합니다. 지침 정보가 명확할수록 문체학습 정도가 훨씬 더 정교해지는 건 당연하겠죠.

학습이 완료되면 '김 부장님' '박 상무님' 같은 이름으로 저장해 둡니다. 이후 새로운 문서를 작성할 때마다 해당 스타일을 선택하면 자동으로 문체가 적용됩니다. 필요할 경우 "이 문장을 더 부드럽게 바꿔 줘" 또는 "이 문장을 더 단호하게 바꿔 줘" 같은 추가 명령을 내려 세밀한 조정을 할 수도 있습니다. 이렇게 스타일을 한 번 설정해 두면 매번 유사한 문체를 유지하면서 글을 좀 더 생생하게 써낼 수 있습니다.

하루키, 김훈, 한강이 보도자료를 쓴다면

　좀 믿기지 않으시죠? 저도 그 차이를 직접 보기 전까지만 해도 '문체가 다르면 얼마나 다르겠어'라고 생각했습니다. 예를 들어 이 책의 보도자료를 하루키, 김훈, 한강의 문체로 바꿔보면 그 차이가 극명하게 드러납니다. 일정 분량의 자료를 입력하고 지침만 구체적으로 내리면 상사의 문체를 분석하는 건 생각보다 쉬운 일입니다.

[클로드의 문체생성 기능을 적용한 서로 다른 결과물]

원문 (기본 비즈니스 보도자료 스타일)
《업무시간을 반으로 줄이는 챗GPT 글쓰기》는 직장인을 위한 AI 글쓰기 실전 가이드다. 생성형 AI를 활용해 보고서, 이메일, 연설문 등 비즈니스 글쓰기를 효율적으로 할 수 있는 방법을 제시한다.

무라카미 하루키 (초현실적 몽환적 문체)
챗GPT는 내 옆에 앉아 있는 고양이를 닮은 재즈 피아니스트다. 그는 묵묵히 내 이야기를 듣고, 때론 엉뚱하지만 기발한 즉흥 연주를 들려준다. 책장을 넘기자 직장인들의 글쓰기 고민이 흘러나왔다. 이 책은 마치 다른 차원에서 온 듯한 느낌을 준다.

김훈 (압축적이고 묵직한 서사, 간결한 단문의 힘찬 문체)
글은 칼이다. 상사의 문체를 익히는 것, 그것은 칼날을 갈고 닦는 일이다. 이 책은 그 비밀을 풀어낸다. 직장에서 글을 쓰는 일은 자기 목숨을 깎는 일인데, 이제 기계가 그 일을 대신한다.

한강 (시적인 이미지와 감성적 서정)
흰 꽃잎이 떨어지듯 단어들이 내려앉았다. 한 줄 또 한 줄. 누구의 말인지 알 수 없었다. 내 것도, 그의 것도 아닌 말들. 그러나 분명 누군가의 목소리. 이 책은 이 모호한 경계에서 우리에게 새로운 언어의 꽃을 피워내는 방법을 알려준다.

상사의 문체를 읽어내면 조직의 언어를 더 깊이 이해하게 되고, 이전까지 안 보이던 회사의 세세한 의사결정 요소들이 보이기 시작합니다. 실무자의 좁은 시각을 벗어나 리더의 관점에서 더 크게 생각하게 되었기 때문입니다.

저 역시 이 길에서 종종 길을 잃고 헤매지만, 생성형 AI라는 든든한 나침반을 손에 들고 여러분과 함께 내일도 다시 출발선에 설 생각입니다. 거의 다 왔습니다. 이제 실전으로 들어가 보죠.

퇴근이 2시간 빨라지는 유형별 글쓰기 프롬프트

Writer's Pick

버크셔 해서웨이의 연례보고서를 쓸 때,
글쓰기의 목표는 아주 단순합니다.
'내가 그들의 입장이라면 어떤 정보가 가장 필요하지?'를
생각하며 글을 쓰는 것입니다.
성공하기 위해 셰익스피어가 될 필요는 없습니다.
정말 필요한 건,
정보를 잘 전달하고자 하는 진실된 마음입니다.

– 워런 버핏, <명확한 SEC 공시 문서 작성법(1998)> 서문

자기소개서

STAR 구조로
몸값을 높이는 글쓰기

여러분은 사회생활을 처음 시작하며 쓴 글이 뭔지 기억하나요? 바로 '이력서'와 '자기소개서'입니다. 둘이 세트로 붙어 다녀서 어떤 분들은 같은 걸로 착각을 하는데, 영어로만 풀어 봐도 이력서는 레쥬메Resume, 자기소개서는 커버레터Cover Letter로 그 뜻과 내용이 엄연히 다릅니다.

이력서에는 학력, 경력, 외국어 점수, 봉사활동, 그리고 남자들은 군대까지 인생의 주요사건들을 객관적으로 기록합니다. 마치 하나의 그림을 그릴 때 중요한 점點을 콕콕 찍는 것처럼 말이죠. 반면 자기소개서에는 지원동기, 직무 경험, 성격, 가치관

등을 주관적으로 서술하죠. 이력서가 과거의 점點이라면, 자기소개서는 그 점들을 이어 현재와 미래를 보여주는 선線입니다.

두 문서의 가장 큰 차이는 내용이 고정적인지 유동적인지 여부입니다. 쉽게 말해 남편이 검찰총장이나 대통령이 아니고서야 이력서에 들어가는 내용들은 나중에 슬쩍 바꿀 수 없습니다. 결국 이력서를 충실하게 채우고 싶다면 미래를 위해서라도 오늘을 충실하게 사는 수밖에 없습니다. 하지만 자기소개서는 바꿀 수 있습니다. 거짓을 쓰라는 게 아니라, 같은 내용도 방법만 알면 좀 더 잘 쓸 수 있다는 뜻입니다. 이력서가 사실의 영역이라면, 자기소개서는 해석과 비전 제시의 영역이기 때문입니다.

STAR 구조로
자기소개서 작성하기

자기소개서의 항목들을 살펴보면 회사마다 질문들이 거의 비슷비슷한 걸 쉽게 알 수 있습니다. 지원동기, 직무 경험, 성장 환경, 취미, 장단점, 좌우명, 가장 힘들었던 일, 입사 후 포부, 이런 것들을 시시콜콜 물어봅니다. 이게 얼핏 복잡해 보이지만, 크게 4가지 질문으로 분류됩니다.

"당신은 어떤 점이 다릅니까?"(차별적 강점)

"그걸 우리가 어떻게 믿을 수 있나요?"(구체적 증거)

"그 다른 점이 지금 우리 회사에 왜 필요합니까?"(기여 적합도)

"그래서 회사에서 뭘 할 수 있나요?"(입사 후 계획)

이 4가지 질문을 이렇게 섞고 저렇게 꼬아서 그때마다 다르게 물어보는 겁니다. 참고로 이 중에서 '직무 관련 경험의 구체성'이 가장 중요하다는 취업포털의 통계가 있습니다.

이때 'STAR' 구조를 활용하면 자기소개서를 쓰느라 고민하는 시간을 아낄 수 있습니다. S(Strength)는 차별화된 강점, T(Testimony)는 구체적 증거, A(Advantage)는 내가 만들 수 있는 변화, 마지막으로 R(Results)은 입사 후 만들고 싶은 결과입니다. STAR 구조를 적용하면 강점을 논리적으로 주장하고, 근거와 사례를 들어 신뢰를 주고, 구체적 성과를 제안해서 설득력을 높일 수 있습니다.

[STAR 구조를 활용한 자기소개서 작성 예시]

저는 디지털 환경에서 브랜드 가치를 높이는 소셜미디어 전략을 수립하고 실행할 수 있습니다.	S (Strength) 핵심역량
'Green Future 캠페인' 프로젝트에서 디지털 마케팅 T/F 팀장을 맡아 인스타그램과 유튜브 중심의 콘텐츠를 제작했습니다. 캠페인 기간 동안 팔로워 수가 50% 증가했고, 영상 콘텐츠의 평균 조회 수가 30만 회를 기록했습니다.	T (Testimony) 구체적 증거
이 경험은 ○○그룹의 새로운 디지털 홍보 전략에 기여할 수 있으며, 특히 친환경 이미지 강화와 고객 참여를 이끌어 내는 데 강점을 발휘할 것입니다.	A (Advantage) 기여 요소
○○그룹의 소셜미디어 팔로워를 1년 내 30% 이상 증가시키고, 디지털 플랫폼에서 고객 접점을 확대해 매출 성장에 기여하겠습니다.	R (Results) 장기적 목표

지원부서가 마케팅 분야라고 한다면 'S : 소비자 데이터를 분석하는 능력, T : 고객 설문조사를 통해 소비자 행동 패턴을 파악해 마케팅 전략에 반영, A : 신규 캠페인 매출 20% 상승, R

: 귀사의 브랜드 충성도 증대에 기여'라고 쓸 수 있습니다. 엔지니어라면 'S : 기술적 문제해결 능력, T : 프로젝트에서 발생한 네트워크 장애 해결, A : 긴급 대응능력을 팀에 전파, R : 시스템 가용성 극대화'라고 적을 수 있습니다.

그런데 STAR 구조에 채워 넣을 내용이 하나도 생각나지 않는다는 분도 분명 계실 겁니다. 학교생활만 해봐서, 회사밖에 몰라서, 너무 평범해서 그렇다고들 이야기합니다. 하지만 이걸 찾아내는 건 결국 스스로에게 묻고 또 물어보는 수밖에 없습니다.

물론 작은 도움을 드릴 수는 있습니다. 여러분이 취준생이라면 학창시절, 여행, 심지어 연애사까지 탈탈 털어서 블로그 글처럼 일단 적어 보길 추천합니다. 사소하고 시시콜콜해도 괜찮습니다. 양은 많을수록 좋습니다. 비슷한 단어가 반복돼도 상관없어요. 여행 중 낯선 나라에서 길을 잃었지만 현지인에게 적극적으로 도움을 요청해 문제를 해결했다는 이야기는 '협업과 문제해결' 능력으로, 알바를 하면서 고객 재방문을 유도했던 경험은 '커뮤니케이션' 스킬로, 팀 과제에서 갈등을 조정하며 마감기한 내 결과물을 도출했던 경험은 '갈등관리와 책임감'으로 연결할 수 있습니다.

직장인의 경우 늘 해왔던 업무에서도 자신을 드러낼 이야기가 충분히 숨어 있습니다. 가장 먼저 떠오르는 것은 '업무일지'입니다. 매일 기록했던 회의 내용, 프로젝트 목표, 마감일정 같은 일상적인 메모 속에서도 의미 있는 경험을 끌어낼 수 있습니다. 지난달 작성한 보고서가 CEO 발표자료로 채택되었다는 사실은 '문서를 간결하고 설득력 있게 구성하는 능력'과 연결됩니다. 팀원들에게 소프트웨어 사용법을 교육해 업무 효율을 높였다거나 부서 내에서 진행된 생성형 AI 활용 업무고도화 세미나를 기획하고 발표했다는 경험들도 충분히 매력적인 나만의 강점입니다.

챗GPT를 활용한 자기소개서 작성법

예전에는 이 어려운 내용들을 STAR 구조에 맞춰 어떻게든 만들어 보려고 몇 날 며칠을 꼬박 새우기도 했습니다. 취업 커뮤니티에 가면 "자기소개서를 쓰면서 인생을 되돌아보게 됐다"라는 웃픈 댓글을 심심치 않게 볼 수 있었죠. 심지어 외부 전문가에게 작게는 10만 원부터 많게는 100만 원까지 주면서 맡기는 일도 공공연한 비밀이었습니다.

하지만 이제 걱정하지 마세요. 이야기의 씨앗이 되는 간략한 이력서만 있으면 챗GPT가 당신의 이야기를 더욱 깊이 있고 생생하게 다듬어 줄 수 있습니다. 준비가 다 되었다면, 다음 3가지 프롬프트를 순서대로 적용해 보세요.

첫째, '기업분석 프롬프트'는 지원 기업의 핵심정보와 최신 이슈를 한눈에 파악하는 간편한 도구입니다. 다음 프롬프트에 지원하는 회사 이름을 입력하면 최신 기사와 보고서를 바탕으로 핵심정보를 보기 좋게 정리해 줍니다. 또한 지원 직무와 기업의 연결고리를 찾아 차별화된 지원동기를 구성할 수 있습니다.

[① 기업분석 프롬프트 예시]

(역할/지시)
너는 경제 뉴스 및 산업 트렌드 분석에 능숙한 전문가야. 기업 및 산업 관련 최신 이슈를 탐색하고 분석해 줘. [회사명]의 핵심 사업과 현안을 파악하기 위해 다음 작업을 수행해 줘.

1. 최근 6개월간 기사를 분석하되, 조선일보, 중앙일보, 동아일보, 한국경제, 매일경제를 우선으로 해줘.

2. 중복 기사는 제외하고, 최대 15개의 가장 관련성 높은 기사를 선별해
줘. 형식은 다음과 같이 마크다운 표로 작성해 줘. 이때 기사 제목에는
하이퍼링크를 포함해 줘.

| 매체명 | 기사 제목 | 날짜 | 주요 키워드 |

3. 분석된 내용을 바탕으로 다음 사항을 도출해 줘.
   a) 회사의 주요 사업영역 (3개)
   b) 현재 직면한 주요 과제 또는 기회 (3개)
   c) 회사의 미래 전략 또는 비전 (2개)
   d) 인재상 또는 조직문화 관련 키워드 (2개)

4. 위 내용을 바탕으로 지원자가 자기소개서에 반영할 수 있는 핵심 인
사이트 5개를 1~2문장으로 간결하게 제시해 줘.

5. 마지막으로, 이 회사에 지원하는 후보자가 자기소개서에서 강조해야
할 3가지 핵심역량이나 경험을 제안해 줘.

둘째, '자기분석 프롬프트'는 지원자의 강점과 경험을 도출
해 직무와 연결하는 심층도구입니다. 간단한 이력을 첨부하고
괄호 안에 자신의 지원분야를 입력하면 지원자의 주요 경험과
성취를 STAR 구조에 맞춰서 강점, 근거, 이익, 향후 계획까지
논리적으로 연결할 수 있습니다.

특히 '경험, 기술, 태도'라는 3가지 측면을 분석하다 보면 평

소 미처 주목하지 못했던 나만의 차별적 가치를 발견하는 일이 한결 수월해집니다. 과거의 경험을 단순히 나열하지 않고, 회사의 비전과 목표에 맞춰 이야기를 조금 더 구체적이고 설득력 있게 쓸 수 있습니다.

[② 자기분석 프롬프트 예시]

> **(역할/지시)**
> 너는 직무와 기업이 요구하는 핵심역량을 도출하는 전문 컨설턴트야. 너의 질문들에 내가 답을 하면, 그 내용들을 토대로 STAR 기법을 적용해서 나만의 강점을 경험, 기술, 태도의 3개 측면에서 도출해 줘. 단순한 경험 나열이 아닌, 지원자의 강점이 직무에서 어떻게 발휘될 수 있는지를 구체적으로 도출하는 것이 핵심이야. 나는 [특정직무] 분야를 지원하고 있어.
>
> **1. 강점 도출** (S : Strength)
> • 내가 가진 차별화된 강점은?
> • 이 강점이 [특정직무]와 어떻게 연결될 수 있는가?
>
> **2. 강점 증명** (T : Testimony)
> • 이 강점이 잘 드러났던 경험은?
> • 구체적인 프로젝트, 업무, 학업, 대외활동 사례가 있는지?
>
> **3. 회사에서의 강점 활용** (A : Advantage)
> • 내 강점이 이 회사에서 어떤 긍정적 변화를 만들 수 있는가?

- 입사 후 내가 가장 잘할 수 있는 일은?
- 현재 기업의 과제와 나의 강점이 어떻게 연결될 수 있는가?

4. 입사 후 기대하는 성과 (R : Results)
- 입사 후 1년, 3년 후 내가 이루고 싶은 목표는?
- 내가 회사에 기여할 수 있는 구체적 성과는?
- 이 성과가 기업의 성장과 어떻게 연결될 것인가?

셋째, '내용검증 프롬프트'는 자기소개서 초안의 논리적 일관성과 설득력을 점검하는 강력한 도구입니다. 논리적 흐름이 자연스러운지, 나의 강점이 직무와 잘 연결되었는지를 검토할 수 있습니다. 이 과정에서 자기소개서의 논리적 허점, 가독성 낮은 표현, 누락된 내용을 찾아내고, 회사가 선호하는 표현으로 바꿀 수 있습니다.

[③ 내용검증 프롬프트 예시]

(역할/지시)
너는 채용 전문가야. 다음 단계를 따라 첨부한 자기소개서를 검토하고, 개선책을 제안해 줘.

1. **기업분석형 및 자기분석형 프롬프트 결과 반영 확인**
   a) 주요사업, 현안, 미래 전략, 인재상이 언급되었는지
   b) 제시된 핵심 인사이트가 적절히 반영되었는지

2. **기업가치와 지원자 강점 연결**
   a) 기업문화, 요구사항과 지원자의 강점이 연결되었는지
   b) 3가지 핵심역량이나 경험이 포함되었는지

3. **문체 및 구조 검토**
   a) 맞춤법 정확성 확인
   b) 문장 구조의 다양성과 명확성 평가
   c) 단락 구성의 논리성과 흐름 평가
   d) 전문용어나 약어의 적절한 사용 여부 점검

4. **차별화 요소 확인**
   a) 독특하고 기억에 남는 요소가 있는지
   b) 경쟁자와 구별되는 특별한 경험이나 성과가 언급되었는지

5. **개선 제안**
   각 분석 결과를 논리, 가독성, 구조 측면에서 어떻게 고치면 더 좋을지
   제시하고, 그 이유도 설명해 줘.

혹시 '나는 회사 잘 다니고 있으니 자소서는 나랑 상관없어' 이런 생각을 하고 계신가요? 그러다가 나중에 쓴 소주를 마시며 후회할지 모릅니다. 성공하는 직장인은 다들 커리어패스 중

간점검을 위해 지금도 자기소개서를 계속 업데이트하고 있거든요. 진짜 고수들은 자기소개서를 이직이 아니라 성과측정과 자기객관화, 그리고 목표 재확인을 위한 점검도구로 사용하고 있습니다.

저 역시 분기별 마지막 금요일을 '자기소개서의 날'로 정해 놓고 수년째 지키고 있습니다. 언제 찾아올지 모르는 기회를 잡고, 인생 경로를 스스로 검증하기 위해서죠. 흔히들 '물 들어오면 노 젓는다'라고 하는데, 완전히 틀린 말입니다. 평소에 노를 계속 젓고 있어야 합니다. 그래야 언젠가 물이 들어올 때 앞으로 나아갈 수 있는 겁니다. 여러분도 오늘 바로 자기소개서를 써보세요. 기회는 언제 찾아올지 모릅니다.

이메일과 카톡

회사가 당신을 평가하는
첫 번째 글쓰기

    이메일은 회사에서 가장 흔하게 주고받는 글이고, 가장 자주 쓰는 글입니다. 표정만 봐도 상대의 자세와 태도를 짐작할 수 있듯, 이메일의 구조와 표현 하나만으로도 직장인들은 서로를 평가할 수 있습니다.

    이메일이 '표정'이라면, 카카오톡은 직장인의 '목소리'와 비슷합니다. 말투 하나 이모티콘 하나에도 감정이 묻어나게 마련이고, 상대방은 카톡 메시지 하나만 보고도 여러분의 센스와 소통 스타일을 파악할 수 있습니다.

    결국 이메일과 카톡은 단순한 메시지가 아닙니다. 회사에서 동료, 선후배, 상사, 협력사 직원, 클라이언트가 나를 어떻게 인식하는지를 결정하는 비즈니스 커뮤니케이션의 핵심도구입니다.

공식문서로서의
이메일 글쓰기

이렇게 중요한 비즈니스 이메일을 잘 쓰는 방법은 일단 짧고 간결하게 쓰는 겁니다. 서로서로 바쁘니까 군더더기를 빼야 합니다. 그렇다고 '3시 회의(냉무)'라고 뜬금없는 제목을 달면 안됩니다. 제목 앞에 [회의] [보고] [공지] [답신] [필독]이라는 식으로 태그를 달아주면 상대방의 시간을 아낄 수 있습니다.

이 작은 원칙을 모르거나, 알면서도 제대로 지키지 않으면 하루에도 수백 통씩 오는 다른 이메일에 며칠째 묻혀 버립니다. '[회의] 15시 마케팅 전략회의, 20층 회의실'이라고 조금만 고쳐 쓰면 상대방이 제시간에 읽을 확률이 높아집니다.

또한 비즈니스 이메일은 명확해야 합니다. 한 번이면 될 걸 여러 번 확인하게 만드는 이메일을 받으면 짜증이 납니다. 이때 '육하원칙'에 맞춰 적으면 내용 파악이 쉬워집니다. 문장으로 길게 쓰는 것보다 접속사나 조사를 삭제하고 1, 2, 3처럼 숫자를 달아 내용, 대상, 시간, 장소, 목적, 준비사항 등을 구분해 주면 더욱 좋습니다. CC(참조)와 BCC(숨은 참조)의 사용법을 잘 이해해 대상을 구분하는 것도 중요합니다. CC는 다른 사람에게도 이메일 내용을 공유하고 싶을 때 사용하고, BCC는 수신자 목록을 숨기고 싶을 때 유용합니다.

비즈니스 이메일도 편지의 하나인 만큼, 상대와의 관계를 고려해 최대한 친근하게 쓰면 더 좋습니다. 얼굴을 마주하는 건 아니지만, 이메일은 말을 하는 사람과 듣는 사람이 엄연히 존재하는 대화의 한 종류거든요. 이때 수신자가 한 명이 아니거나 참조와 숨은 참조가 여럿인 공식적 이메일은 최소한의 격식을 차리는 게 좋습니다.

특히 제가 가장 답답하다고 생각하는 이메일 유형은 내용도 별로 없으면서 '네, 알겠습니다' '감사합니다' 이런 말을 하느라 무의미한 회신을 여러 번 하는 경우입니다. 이것 때문에 이메일 제목이 [RE:RE:RE:RE:RE: 회의자료]처럼 끝없이 길어집니다. 엉킨 실타래를 보는 것처럼 짜증 나죠. 버전을 구분하려면 꼬리를 과감히 잘라서 [1차 회신] [2차 회신] [최종]처럼 핵심적인 정보만 남겨 간결하게 정리하는 것이 좋습니다.

편하게만 생각하다간
큰코다치는 카카오톡

　코로나 팬데믹을 겪은 이후로 카톡이나 텔레그램 같은 개인 간 메신저로 간략히 업무 보고를 하는 경우가 무척 많아졌습니다. 저도 하루에 서너 번씩 팀장님과 상무님께 카톡으로 보고를 드립니다. 그 덕분에 하염없이 보고 순서를 기다려야 했던 비효율적인 대기실 진풍경도 많이 사라졌죠.

　그런데 통신수단이 달라졌을 뿐 엄밀히 따지면 카톡에 쓰는 글도 업무 보고의 하나고, 엄연히 비즈니스 문서의 일종입니다. 이메일이나 공문처럼 격식을 차리지 않으니 가볍고 편리하다고 느낄 수 있지만, 친구에게 카톡을 하는 것처럼 'ㅋㅋㅋ' 'ㅎㅎㅎ'를 남발하거나 이모티콘으로 도배하면 큰일납니다.

　'제정신이면 그럴 리가 있겠냐'며 코웃음 치는 분도 계시겠지만, 그런 일은 꽤 자주 있습니다. 유머 커뮤니티에는 신입사원들의 웃지 못할 이메일과 카톡 캡처본이 계속 올라옵니다. 특히 카톡은 워낙 단톡방이 많고, 이메일에 비해 시간과 장소를 가리지 않고 오니까 아찔하고 황당한 실수가 많습니다. 카톡 보고요령을 배우려 하지 않고, 가르치지도 않아서 생긴 일입니다.

'카톡'은 이메일과 비슷하면서도 다릅니다. 형식적 측면에선 카톡이 이메일보다 캐주얼하고 대화를 주고받기 편합니다. 이메일은 응답에 있어 어느 정도 시공간 제약이 있지만, 카톡은 핸드폰으로 바로 연결되기 때문에 실시간 소통이 가능합니다.

상사가 언제 어디서든 바로 확인할 수 있다는 게 카톡의 장점이지만, 바로 그 이유 때문에 조금 더 신경써야 할 일이 생깁니다. 수단만 편리해졌을 뿐, 카톡으로 나누는 상사와의 대화도 엄연히 공식업무입니다. 카톡이나 텔레그램 대화가 캡처되어 업무증빙으로 사용된다는 걸 기억해야 합니다. 그렇다면 업무용 카톡 대화에선 어떤 점을 주의해야 할까요?

첫째, 카톡으로는 복잡하고 긴 보고를 해서는 안 됩니다. 이미 여러 번 다룬 내용을 재확인하는 용도로 써야 합니다. 핵심이 화면에 바로 보이도록 의례적 인사는 최대한 빼고 350자 이내로 간결하게 전달하는 게 좋습니다. 그래야 한 화면에 바로 보입니다. 항상 바쁘신 그분들께선 '더 보기'를 누르는 것도 귀찮아하실 수 있습니다.

둘째, 세부사항이 따로 있다면 첨부파일로 보내면 됩니다. 이

때 메시지를 먼저 보낸 후 몇 초의 여유를 두고 첨부파일을 보내는 게 좋습니다. 그래야 상사가 코멘트를 읽은 후 '뭐가 중요한지' 파악한 상태에서 세부내용을 좀 더 쉽게 확인할 수 있습니다. 예를 들면 [3월 매출실적 간략보고(전월 대비 10%↑, 신규 30명), 상세내용 첨부]라는 코멘트를 먼저 보내고, 읽음 표시를 기다렸다가 첨부파일을 전송합니다.

셋째, '완결'된 내용을 보내야 합니다. 메시지를 보내고 받는 시간차가 있기 때문입니다. 밀당을 하려는 게 아니라면 상사에게 보내는 카톡 메시지를 문장이나 단어로 쪼개 보내선 안 됩니다. 상사 입장에서는 채팅창을 여러 번 확인해야 하는 번거로움이 있으니까요.

[메시지가 쪼개져서 짜증을 유발하는 카톡 메시지]

> **김 대리** : 부장님, 외근 중이시죠? (13:00)
> **박 부장** : 네, 그런데요. (13:25)
> **김 대리** : 다름이 아니라… 부장님. (13:35)
> **박 부장** : 무슨 일 있어요? (13:48)
> **김 대리** : 오후 회의자료 준비하다가 궁금한 게 있어서요. (14:27)
> **박 부장** : 무슨 내용? 지금 미팅 준비 중이라 바쁜데. (15:10)

> **김 대리** : 그러면 미팅 언제 끝나세요? (15:40)
> **박 부장** : 지금 마쳤는데, 급한 거예요? (16:28)
> **김 대리** : 아, 마감이 있어서 일단 제가 처리했습니다. (16:30)

이런 카톡은 보기만 해도 머리가 지끈지끈합니다. 3시간 반 동안 9번의 카톡을 주고받았지만 아무런 진전도 없고 시간만 버린 꼴입니다. 무엇보다 결국 자기 혼자 처리해 버렸다는 게 가장 황당하죠. 현실에서는 저렇게 분노조절을 잘하는 부장이 없으니 상사의 인내심을 테스트하면 안 됩니다. 상사에게는 모든 내용을 한 번에 담아 간결한 카톡을 보내야 합니다.

[모든 내용을 한 번에 담은 간결한 카톡 메시지]

> **김 대리** : 안녕하세요, 부장님. 오후 회의자료 준비 중인데 신제품 마케팅 예산 산출의 구체적 방법이 궁금합니다. 부장님이 외근 중이셔서 15시까지 피드백이 어려우시면, 마감 일정상 제가 먼저 처리하고 이후 의견 주시면 반영하려 합니다. 바쁘신데 번거롭게 해드려 죄송합니다. (13:00)
> **박 부장** : 기획실 방침을 받아 전년도 집행내역을 참고해 10% 증액했습니다. 세부항목별 배분은 김 차장에게 물어봐요. 저는 16시경 사무실 복귀하니 그때 다시 이야기합시다. (13:25)

넷째, 타이밍까지 항상 생각해야 합니다. "김 대리, 바빠? 내일 아침까지 부탁해!"라고 일요일 10시에 보내온 상사의 카톡을 상상하면 출근하기가 싫어집니다. 상사가 이렇게 보내도 화가 나는데, 직원이 이런 식으로 행동하면 예민해질 수밖에 없습니다. 퇴근 이후거나 주말이라면 가급적 내일로 미루세요. CEO 특별지시나 VIP 부고가 아니라면요.

챗GPT를 활용한 이메일, 카톡 글쓰기

이메일과 카톡 하나 보내는데도 어렵게 따져 볼 게 많아서 피로감을 느낄 수도 있습니다. 이럴 때는 제가 정리한 몇 가지 프롬프트를 살짝 돌리면 비즈니스 커뮤니케이션의 품질을 손쉽게 높일 수 있습니다.

[이메일과 카톡 작성에 유용한 프롬프트 활용법]

> **1. 공식 이메일 작성 프롬프트**
> 상사에게 보낼 공식 이메일 초안을 작성해 줘.

주제는 [연간 마케팅 계획 검토 요청]이고,
(1) 현 상황 요약, (2) 검토요청 세부사항, (3) 피드백 마감기한을 포함해.
어조는 격식을 갖추되 친근하게 작성해 줘.
이메일 제목도 함께 작성하되, [ ] 문장부호를 사용해 [회의] [공지] [안내] [보고] [요청] 등을 분류해서 이메일 성격을 나타내 줘.

2. 문제해결 이메일 작성 프롬프트

고객불만을 해결하기 위한 이메일 초안을 작성해 줘.
상황은 [배송 지연 문제로 인해 고객이 불만을 제기함]이야.
포함할 내용은 (1) 진심 어린 사과, (2) 지연 이유 설명, (3) 해결방안 및 보상 제공이야.
이메일 톤은 공손하고 신뢰감을 줄 수 있도록 작성해 줘.
[ ] 문장부호를 사용해 [사과드립니다]라고 명시해 줘.

3. 단톡방 카톡 보고 프롬프트

업무 단톡방에 보낼 300자 이내의 간결한 카톡 메시지를 작성해 줘.
주제는 [팀 전체가 알아야 할 업무일정 변경]이야.
내용은 날짜와 시간, 새로운 일정과 관련된 세부사항과 주의사항을 포함하고, 가능한 긍정적이고 협조적인 어조로 작성해 줘.
[ ] 문장부호를 사용해 [회의] [공지] [안내] [보고] [요청] 등을 분류해서 메시지 성격을 나타내 줘.

4. 다양한 어조 요청 프롬프트

카톡으로 팀원들에게 [프로젝트 마감일을 재공지]하는 문구를 작성해 줘.
첨부한 메시지의 내용을 유지하면서 (1) 공식, (2) 격려, (3) 유머러스 3가지 톤으로 각각 작성해 줘. 메시지는 모두 200자 이내로 작성해.
[ ] 문장부호를 사용해 [회의] [공지] [안내] [보고] [요청] 등을 분류해
서 메시지 성격을 나타내 줘.

오늘 하루 동안 보낸 이메일과 메신저 대화를 한 번 살펴보
세요. 거기에 담긴 당신의 모습이 바로 동료들이 바라보는 여러
분의 모습입니다. 이제부터라도 이메일과 카톡을 전략적으로
다듬어 나가면 회사 내 평판이 달라지고, 어느 순간 당신의 업
무처리 속도가 훨씬 빨라집니다. 잘 쓴 이메일 한 통, 카톡 한
줄이 효율적인 협업을 이끌 수도, 신뢰를 떨어뜨릴 수도 있다는
사실을 기억하세요.

회의록

FAST 구조로
핵심만 정리하는 글쓰기

모든 회의는 기록이 원칙입니다. 중요한 사안을 다룬다면 반드시 기록이 남아야 하고, 보안이 중요한 경우라면 참석자부터 신중히 선별해야 합니다. 저는 '스피치라이터'라는 다소 낯선 직업의 특성상, 제법 중요한 회의에 종종 배석합니다. 주로 상무님, 전무님, 부사장님과 같은 C-레벨들이 정장을 말끔하게 차려입고 참석하는 회의인데, 여기서는 대외비가 논의되거나 회사의 경영방침이 즉석에서 결정되기도 합니다. 저는 사장님께서 하시는 한 마디 한 마디를 모두 기록하고, 중요한 내용은 관련 부서에 전달하는 역할도 합니다.

그런 큰 회의에 가면 저는 그림자처럼 '있는 듯 없는 듯' 존재감을 최대한 지우고, 한쪽 자리에 조용히 앉습니다. 스피치라이터의 별칭인 '고스트Ghost라이터'의 역할에 충실하기 위해서죠. 그리고 회의 시작 전 주관부서에 미리 양해를 구한 후 녹음을 합니다. 일단 어떻게든 손으로 다 적어야 했던 옛날과 비교하면 얼마나 편한지 모릅니다.

아마도 3040세대의 대리나 과장급 직원분들은 사회 초년병 때 회의록을 쓰느라 애먹었던 경험이 한 번쯤은 있을 겁니다. 회의 중엔 내용을 놓칠까 봐 긴장되고, 회의 후에는 정해진 시간 내에 보고하느라 정신이 없었겠죠. 저 역시 회의록을 즉시 정리하느라 점심을 거른 적도 여러 번입니다.

솔직히 말씀드려서, 사회 초년생일 때 저는 회의록을 작성하는 게 참 하찮게 여겨지고 짜증났던 적이 많았습니다. 그런데 지금 보니 '회의록 작성이야말로 직장인 글쓰기의 기본 중의 기본'이라는 생각이 듭니다. 주제에 따라 내용을 '분류'하고, 이야기의 흐름 속에서 원인과 결과를 '도출'하고, 사실과 의견을 '구분'해서, 각자의 역할을 '명시'하는 것, 그게 바로 직장인 글쓰기의 핵심 중에서도 핵심이니까요.

회의록 작성을 제대로 하면
생기는 3가지 능력

실제로 회의록을 오랫동안 맡아 쓰면서, 저는 직장인으로서 중요한 3가지 능력을 일찍 체득할 수 있었습니다.

첫째, 산만한 구어체 정보를 회사의 언어로 정리하면서 직장인 글쓰기의 구조와 문법을 저절로 익혔습니다. 회의에서 참석자들이 자유롭게 의견을 내다 보면 종종 아이디어들이 논점과 다른 여러 방향으로 흩어지곤 합니다. 이때 저는 회의에서 나온 의견들을 중심문장과 뒷받침문장, 그리고 핵심논의와 주변논의로 구분하여 최대한 직관적이고 간결하게 정리하려고 노력했습니다. 이러한 훈련과 경험 덕분에 회의록 작성뿐 아니라, 보고서나 이메일 같은 직장 내 다른 글쓰기 작업에도 자신감을 가질 수 있었죠.

둘째, 회사와 부서의 핵심현안을 파악할 수 있었습니다. C-레벨의 임원들이 무슨 고민을 하고 있는지, 회사가 어떤 방향으로 가고 있는지를 자연스럽게 알 수 있었죠. 예를 들어 특정 프로젝트의 우선순위가 왜 조정되었는지, 회사의 자원배분이 어떤 기준으로 이루어지는지를 이해하며 회사의 큰 그림을 자연스럽게 익힐 수 있었습니다. 내가 속한 팀의 업무만이 아니라, 회사 전체의 방향성을 파악하는 데에도 큰 도움이 되었고요.

셋째, 어느 부서가 무슨 일을 언제까지 해야 하는지의 흐름을 파악하게 되었습니다. 창립 100주년을 맞아 비전을 선포한다고 할 때, 홍보팀은 비전 선포식을 위한 보도자료를 작성하고 주요 매체에 배포하는 작업을 맡습니다. 디자인팀은 행사 초청장과 발표자료를 제작하며, 경영기획팀은 비전 선포에 포함될 주요 전략과 메시지를 정리합니다. 이때 회의록은 단순한 기록을 넘어, 모든 팀원들이 같은 목표를 향해 조화를 이루며 작업을 진행할 수 있는 중요한 기준점 역할을 합니다.

'회의록만 잘 써도 상사에게 인정받고 빨리 승진할 수 있다'라는 말이 그냥 나온 게 아닙니다. 회의록을 작성하며 쌓은 글쓰기 능력은 우리가 직장인으로서 갖춰야 할 경쟁력을 강화하고, 조직 내에서 신뢰를 쌓아가는 밑거름이 되어 줍니다.

회의록과 달리 '녹취록'이란 것도 있습니다. 가끔씩 둘의 개

넘을 혼동하는 사람이 있는데, 조금만 생각해 보면 목적과 성격이 완전히 다르다는 걸 쉽게 알 수 있습니다.

녹취록은 보통 내용증명이나 법원제출용으로 작성하는데, 토씨 하나 빼놓지 않고 발언 내용 그대로를 적는 게 중요합니다. 대화 속에 숨어 있는 맥락과 뉘앙스를 모두 파악해야 하니까요. 이와 다르게 회의록은 '그대로' 적는 게 아니라 '핵심만 요약'하는 것이 중요합니다. 녹취록처럼 구구절절 다 적으면 나중에 문단 전체가 싹둑 잘려나가거나, 열심히 일하고도 괜히 욕만 먹기 일쑤죠.

FAST 구조로
회의록 작성하기

회의록은 FAST라는 정해진 양식에 정확하게 맞춰야 합니다. 먼저 F는 Fact and Info입니다. 일시, 주관부서, 장소, 참석자 등의 기본정보가 '사실 그대로' 담겨 있어야 합니다. [2025년 5월 15일 오전 10시, 본사 3층 회의실, 마케팅팀 전체 회의] 이런 식으로요.

A는 Agenda입니다. 이날 논의된 주제와 최종 결론을 한 줄

로 요약해서 적습니다. 특히 직속상사에게는 이걸 잘 적어 드려야 센스 있다는 소리를 듣습니다. [전기차 해외수출 확대를 위한 1분기 마케팅 전략 수립] 정도로 키워드를 개조식으로 정리하면 됩니다.

S는 Summary of Process, 즉 결론 도출과정을 상세히 적습니다. 대부분은 그렇지 않지만 혹시라도 논쟁이 있었던 경우에는 세부내용이 중요할 수도 있으니까요. 책임을 따져야 하는 순간도 가끔 옵니다.

마지막으로 T는 Task입니다. '누가 무엇을 언제까지' 해야 하고, 다음 회의는 언제인지를 적습니다. [김 과장 - SNS 콘텐츠 마케팅 계획 수립(~5/30), 이 대리 - 인플루언서 리스트 작성(~5/25)] 이런 식으로 업무 주체와 내용을 적습니다. 바쁠 땐 이것만 보더라도 회의 참가자 혹은 회의록 열람자들이 향후 일정과 계획을 바로 알 수 있도록 하는 거죠.

하나 더 추가하자면, 특별히 사장님과 전문가의 주요 발언은 녹취록처럼 '원문 그대로' 적는 게 좋습니다. 그분들의 발언은 텍스트로 핵심만 골라 읽기보다는 숨겨진 행간이나 심리를 살살이 읽어야 합니다. 조금 어색하더라도, 말을 더듬고 얼버무리거나 사투리를 쓰거나 심지어 몇 분간 아무 말을 안 해도, 그 상황과 대화를 가감없이 적습니다. 이건 녹취록을 오랫동안 써온 스피치라이터의 꿀팁입니다.

챗GPT를 활용한
회의록 작성법

챗GPT를 활용하면 이 복잡한 과정을 자동화할 수 있습니다. 일단은 클로바노트ClovaNote나 다글로Daglo 등의 회의록 앱을 다운받아 회의를 녹음하세요. 그다음 녹음파일을 챗GPT, 클로드, 퍼플렉시티에 첨부합니다. 핸드폰 녹음기능을 사용하거나 별도의 보이스레코더를 사용해도 괜찮습니다. 그다음 아래의 프롬프트를 입력하고 내용을 보완하면 2시간 걸리던 회의록 작성이 20분이면 마무리됩니다.

[회의록 작성을 위한 기본 프롬프트 예시]

1. 재구성형 프롬프트
FAST(Facts, Agenda, Summary, Tasks) 구조에 따라 일시, 장소, 회의 주제, 최종결론, 향후 과제 및 일정 등을 차례대로 기재하고, 재구성해 줘.

2. 핵심요약형 프롬프트
녹음파일을 기준으로 회의 주제별 결론을 3가지 핵심키워드로 정리해 20자 내외로 각각 요약해 줘.

3. 원문인용형 프롬프트
사장님(혹은 특정인)의 발언은 원문 그대로 인용하여 정리해 줘.

[ACTS 구조를 적용한 회의록 프롬프트]

1. Actor (역할)
너는 기업 회의록 작성 전문가야. 음성 파일 기반으로 논의 내용을 정리하고 실행 가능한 회의록을 만들어 줘. 주요 발언자의 발언을 분석해 핵심내용을 정리하고, 후속과제를 체계적으로 정리해 줘.

2. Context (맥락)
이 회의는 [주제] 논의를 위해 열렸어. 참석자들은 각 역할에 맞춰 의견을 제시했고, 핵심 논점은 [핵심이슈]야. 회의 목적은 [결론/의사결정 방향]을 확정하고 후속조치를 명확히 하는 거야.

3. Task (작업)

너의 임무는 음성 파일을 바탕으로 FAST 형식의 회의록을 작성하는 거야. 각 항목별 세부기준은 다음과 같아.

(1) Facts : 일시, 장소, 참석자 정보

(2) Agenda : 주요 주제와 목표 요약, 핵심 논점

(3) Summary : 논의 내용 간결히 요약하고 결론 정리

(4) Task : 팀/담당자별 후속 과제, 기한, 책임자 표기

4. Sample (예시)

[회의록] 2025년 5월 15일 마케팅 전략 회의

(1) 일시, 장소, 참석자 정보

(2) 신제품 출시 일정, 마케팅 예산, 광고 캠페인 메시지

(3) 출시일정 조정, 예산배분 결정, 광고 메시지 확정

(4) 마케팅팀, 기획팀, 영업팀 별 후속조치 및 기한

챗GPT와 같은 AI를 잘 활용하면 회의록 초안 작성이 쉬워집니다. 만약 중요한 발언의 녹음이나 메모가 불확실하다면 해당 팀에 회의자료를 요청해 내용을 검토하고 맥락을 파악하는 것이 좋습니다. 이렇게 회의록부터 개념을 정확히 잡고 쓰면 조금 더 어려운 보고서나 제안서도 잘 쓸 수 있습니다. 그러면 어느 순간부터 상사가 여러분을 특별하게 보기 시작합니다.

보고서

한 번에 통과하고
빨리 승진하는 글쓰기

　직장인은 보고서로 말합니다. 일을 시작하고 끝낼 때, 지시 사항의 추진상황과 결과를 알릴 때, 의미 있는 자료나 정보를 공유할 때, 새로운 생각을 전달하고 추진할 때, 심지어는 노트북을 교체하거나 세미나에 다녀와서도 직장인은 보고서를 씁니다. 이걸 제대로 쓰지 못하면 아무리 현장에서 실무를 잘해도 승진할 수 없습니다.

　보고서는 생각을 정리하는 '기획', 그것을 글과 도표와 그림으로 풀어내는 '작성', 내용을 검토하고 다듬는 '편집'의 과정을 거쳐 만들어집니다. 이후 결정된 사안을 실행하고 평가하는 '피드백' 단계를 통해 비로소 완성되죠. 직장인들이 말로 대충하지 않고, 이렇게 복잡하게 보고서를 쓰는 이유는 조직의 실수나 잘못을 줄이고, 위기를 피하고, 더 나은 기회를 잡기 위해서입니다. 그게 비즈니스 커뮤니케이션의 핵심이고요.

회사에서 작성되고 통과되는 거의 대부분의 보고서는 윗사람이 하거나 할 만한 생각을 아랫사람이 열심히 파악해 쓴 글입니다. 즉, 답이 이미 정해진 '100% 을z의 글쓰기'입니다. 아래에서 새로운 생각을 만들어 위로 전하는 획기적인 경우는 얼마 없습니다. 있다고 해도 보수적이거나 관리 중심의 회사에서는 승인받기 어려울 겁니다.

연설문의 주인이 스피치라이터가 아닌 것처럼, 보고서의 주인도 작성자가 아닙니다. 보고서의 주인은 결재권자이기 때문에 위에서 어떻게 생각하고 있느냐에 따라 글의 톤앤매너tone & manner와 내용도 완전히 달라집니다. 보고서는 실무자의 개인적 생각을 쓰는 칼럼이나 일상을 담는 에세이가 아니니까요. 이처럼 보고서는 생산자와 소비자가 명확합니다. 그러니 작성자가 아니라, 의사결정권자 중심으로 쓰는 게 맞습니다.

가끔 보면 '내용이 중요하지'라며 콘텐츠에만 집중하는 분들이 많은데, 세상을 뒤집을 깜짝 놀랄 아이디어가 아니라면 보고서는 '형식'이 곧 전략이고, 내용보다 중요할 때가 생각보다 많습니다. 보고서는 상황이나 목적별로 사실과 근거를 제시하는 구조와 순서가 패턴화되어 있어서, 이것만 잘 익혀도 상사의 결재 속도가 서너 배는 더 빨라집니다. 당연히 퇴근도 일찍 할 수 있고요.

보고서는 What부터 So What까지

보고서의 핵심 구성요소는 '무엇What'에 해당하는 제목과 개요, '왜Why'에 해당하는 추진배경, 실행목적, 현황, '어떻게How'에 해당하는 문제점과 원인, 유사사례 분석, 해결방법, 진행계획, '그래서 나더러 뭘 어쩌라고So What'에 해당하는 기대효과, 협조사항, 최종 결심사항 등입니다. 보고서 종류에 따라 어디에

주안점을 둬야 할지 혹은 순서가 조금씩 달라지고 몇 개는 빠질 수도 있겠지만, 최소한 뭘 쓸지 몰라서 빼먹는 일은 없어야 합니다.

첫째, 보고서의 '제목'은 팩트 중심으로 건조하게 쓰되, 대상과 목적을 강조해서 함께 적는 게 좋습니다. 'CEO 메시지 소통 T/F 운영(안)'이라고 써도 좋지만 'CEO 말씀자료의 시의성 제고를 위한 소통T/F 운영(안)'이라고 목적까지 풀어씁니다.

둘째, '추진배경'에는 트렌드 변화나 사회의 흐름을 정리해 줍니다. 재택근무와 하이브리드 근무제 확대를 도입하려 한다면 직장인들이 팬데믹 이후 얼마나 유연근무제를 선호하고 있는지에 대해 믿을 만한 통계, 기사, 예시, 도표, 그래프를 제시합니다. 상사의 배경지식 수준에 따라서는 유연근무제의 개념과 기존 고정근무제와의 차이점을 비교할 필요도 있습니다.

셋째, '해결방법 제시'는 앞서 언급한 문제를 풀기 위한 핵심 제안입니다. 보고서의 본문에 해당하는 부분으로, 여기가 부실하면 전체 작업이 무의미해집니다. 문제를 명확히 정의하고, 이를 해결하기 위한 대책을 체계적으로 정리해야 합니다. 문제해결 기간, 소요예산, 담당자 등을 구체적으로 명시하고, 유사사례 분석을 덧붙이면 신뢰도를 높일 수 있습니다.

넷째, 보고서의 하이라이트는 'So What'입니다. 상사가 구체적인 행동을 할 수 있도록 마지막 방아쇠를 '땅' 하고 당겨 주는 겁니다. '이게 정말 좋은 선택일까?'라며 상사가 결정하길 두려워할 때 불안감을 걷어내 줘야 합니다. '이건 정말 좋은 생각이다. 꼭 해야 한다'라고 상사에게 최면을 거는 거죠. 혼자서 힘들면 유관부서와 기관들에게 요청할 협조사항을 정리해 우리에겐 든든한 지원군이 있다는 것도 슬쩍 알려줍니다.

챗GPT를 활용한
3단계 보고서 작성법

보고서의 핵심요소와 구성 순서를 알았으니, 이제부터는 '① 자료수집 → ② 초안 작성 → ③ 퇴고'의 단계에 따라 보고서를 실제로 작성할 차례입니다.

첫째, 자료수집 단계에서는 정보탐정 역할을 하는 '퍼플렉시티'에 다음의 프롬프트를 입력해 보세요. 나에게 맞는 내용으로 적절히 수정하면 됩니다.

업무시간을 반으로 줄이는 챗GPT 글쓰기

1. Actor (역할)
너는 글로벌 전기차 충전 시장을 전문적으로 분석하는 애널리스트야.
10년 이상의 경력을 바탕으로 시장 동향, 기술 혁신, 소비자 행동, 정책
변화를 종합적으로 분석해서 의사결정에 필요한 인사이트를 제공하는
게 네 임무야.

2. Context (맥락)
우리 회사는 전기차 충전 시장에서 5위를 차지하고 있어. 시장 지배력
강화를 위해 시장 현황, 소비자 니즈, 정책 환경에 대한 종합 보고서가
필요해. 이 정보수집 부분은 보고서 작성의 3단계 중 1단계야.

3. Task (작업)
다음 3개 영역에 대해 최신 정보를 수집해서 정리해 줘.
(1) 전기차 충전 시장 분석 (2) 소비자 불편 및 요구 (3) 정책 동향
각 항목에 대해 2024년 이후의 최신 데이터, 신뢰할 수 있는 통계, 업
계 전문가의 견해를 포함하고, 객관적이고 분석적인 톤으로 작성해 줘.

4. Sample (예시)
(1) 시장 분석 : 규모 및 성장률, 주요 기업 전략, 기술 발전 현황
(2) 소비자 불편사항 : 충전 불만, 인프라 부족 현황, 개선 요구사항

둘째, 보고서 초안 작성을 위해 다음의 프롬프트를 '챗GPT'
에 입력하고 30초 만에 완성되는 결과를 받아보면 됩니다. 이

때 1단계에서 수집한 자료들을 워드(doc, txt) 혹은 PDF 파일로 바꿔서 참고자료로 첨부하세요. 아직까지 챗GPT는 한글(hwp) 파일을 제대로 읽지 못하거든요.

[2단계 : 보고서 초안 작성용 프롬프트 예시(feat.챗GPT)]

1. Actor (역할)
너는 10년 차 경영 컨설턴트이며, 전기차 및 충전 인프라 산업에서 20년간 근무한 보고서 작성 전문가야. 글로벌 전기차 충전 시장의 주요 트렌드를 파악하고, 기업의 사업 확장 전략을 제안하는 능력이 뛰어나.

2. Context (맥락)
이 보고서는 국내외 전기차 충전 시장의 트렌드, 주요 기업들의 전략, 소비자 니즈를 분석하여 향후 사업 확대를 위한 전략을 제안하는 것이 목표야. 초안 작성은 보고서 작성의 3단계 중 2단계야.

3. Task (작업)
다음 보고서의 핵심 구성요소에 맞춰 초안을 작성해 줘.
- 제목(What) : 20자 이내, 주제와 목적 포함
- 개요(What) : 보고서 내용을 2줄 요약
- 추진배경(Why) : 관련 트렌드, 이유를 3줄 이내 작성
- 해결방법(How) : 누가, 언제, 얼마의 자원으로 실행할지
- 기대효과(So What) : 시행 전후 비교, 상사의 결정을 돕는 결론

4. Sample (예시) - 1단계 수집자료(PDF, TXT) 참고

업무시간을 반으로 줄이는 챗GPT 글쓰기

셋째, 이번에는 초안의 맹점과 오류를 집요하게 찾아내 보완하고 퇴고하는 마지막 단계입니다. 이때는 세련된 언어를 구사하는 '클로드'가 적당합니다. 물론 챗GPT를 시켜도 잘합니다.

[3단계 : 보고서 퇴고 및 검토용 프롬프트 예시(feat.클로드)]

1. Actor (역할)
너는 15년 차 비즈니스 작가이며, 글로벌 컨설팅 기업에서 보고서 감수를 전문적으로 수행하는 전문가야. 논리적 구조, 데이터 정확성, 설득력을 강화하는 것이 네 역할이야.

2. Context (맥락)
이전 단계에서 작성된 전기차 충전 시장 보고서 초안을 보완하고, 논리적 오류를 수정하는 단계야. 정보의 신뢰성을 높이고, 경영진이 쉽게 이해할 수 있도록 보고서의 표현을 다듬어야 해. 퇴고는 보고서 작성의 3단계 중 3단계야.

3. Task (작업)
(1) 논리흐름 : 개요 → 추진배경 → 해결방법 → 기대효과의 개연성 점검
(2) 데이터 정확성 : 최신 시장 데이터와 정책 변화를 반영했는지 확인
(3) 표현 : 너무 복잡하거나 애매한 문장을 간결하고 명확하게 수정
(4) 설득력 강화 : 빠르게 의사결정을 내릴 수 있도록 핵심메시지 강조
(5) 오타 및 문법 수정 : 문장의 가독성 높이고, 오류 제거

4. Sample (예시)

제출한 퇴고 결과물은 아래처럼 정리해서 무엇을 고쳤는지 한눈에 볼 수 있게 정리해 줘.

(1) 논리 흐름 수정 : '시장 분석' 부분을 앞쪽으로 배치

(2) 데이터 업데이트 : 최신통계 반영 (예 : 시장 성장률 20% → 25%)

(3) 표현 개선 : '충전소 500개 증설' → '연간 30만 대 충전 가능'

걱정했던 것보다 쉽지 않나요? 이런 방법으로 깔끔한 초안을 만들고, 여러 차례 직접 검토해 보고를 올렸는데도 팀장님이 애매한 이유로 자꾸 반려한다면 진짜 이유가 다른 데 있는 건 아닌지 의심해 보세요.

어제 회식 자리에서 팀장 말을 잘랐다든가, 팀장이 좋아하는 순댓국을 아재 음식이라고 깎아내렸다거나, 혹은 팀장님께서 새로 매고 오신 넥타이 칭찬을 잊은 건 아닌지 자문해 볼 필요가 있습니다. 농담이 아닙니다.

아무리 생성형 AI를 완벽하게 다룬다고 해도 상사와 친하지 않으면 보고서가 통과되지 않습니다. 보고서가 통과되지 않으면 퇴근도 제때 못합니다.

업무시간을 반으로 줄이는 챗GPT 글쓰기

보도자료

기자와 고객의
마음을 얻는 글쓰기

20년 가까이 여러 홍보 현장에서 마주한 보도자료는 '무형의 상품'입니다. 물건을 직접 파는 건 아니지만, 손으로 만질 수 없는 회사의 생각·정보·입장을 기자에게 팔아야 하죠. 그래서 기자를 상대하는 언론보도 현장은 메시지가 오고가는 일종의 전쟁터입니다.

조금 로맨틱한 비유를 들자면, 보도자료는 애인에게 보내는 열렬한 '프로포즈'입니다. 기자의 눈과 마음에 들고 선택되어야 하죠. 그런 만큼 남들과 내용이 다르면서도 간절해야 합니다. 기회가 한 번밖에 없으니까 형식도 일목요연해야 합니다.

보도자료는
짧고, 쉽고, 정확하게

보도자료는 어떻게 써야 할까요? 모든 비즈니스 라이팅이 그런 것처럼 '짧게, 쉽게, 정확하게' 써야 합니다.

'짧게'의 기준은 '15포인트 기준으로 A4 기준 2장을 넘지 않는 분량'입니다. 꼭 이래야 한다는 규칙이 있는 건 아니지만, 2장을 넘어가면 가독성이 떨어집니다. 도저히 뺄 수 없는, 혹은 꼭 담아야 할 내용이 더 있다면 본문이 아닌 첨부로 붙이는 게 효과적입니다.

'쉽게'라는 말은 '중학생도 이해하는 수준'을 가리킵니다. "어려운 내용을 어떻게 쉽게 써요?"라고 따지면 안 됩니다. 그걸 하는 게 월급쟁이의 일이니까요. 그런데 요즘 중학생들이 심심한(Boring) 사과, 금일(=Friday), 고高지식(=Smart) 같은 문해력 논란에 자주 휘말리는 걸 감안할 때 '똑똑한 중학생'으로 기준을 높여야 하는 건 아닌가 하는 웃지 못할 생각도 듭니다.

'정확하게'의 기준은 '실시간 팩트체크'입니다. 그때는 맞았지만 지금은 틀린 내용이 생각보다 많습니다. 그동안 한 번도 의심해 본 적 없고, 너무나 오랫동안 그러려니 했던 상식이 회사 바깥으로 나가는 순간 해석이 완전히 바뀔 수도 있습니다. '추억은 다르게 적힌다'라는 가수 이소라의 노랫말처럼 시기, 입장, 관계에 따라 보도자료의 내용이 전혀 다르게 받아들여질 수 있는 거죠.

보도자료의 6가지 필수 구성요소

형식적으로 볼 때, 보도자료는 패턴과 구조가 명확한 글입니다. 제목Headline, 부제목Subtitle, 첫문장Lead Sentence, 본문Body, 인용문Quotation, 첨부Attachment 등 6가지로 구성되는데, 이건 구구단처럼 그냥 외우시면 됩니다. 고수부터 초보까지 예외 없이 딱 정해져 있습니다.

Headline	Subtitle	Lead Sentence	Body	Quotation	Attachment
제목	부제목	첫문장	본문	인용문	첨부

첫째, '제목'은 가장 큰 글씨로 맨 위에 씁니다. 최대 20자를 넘지 않는 간결하고 함축적인 제목이 좋습니다. 주제목은 팩트

중심의 건조한 제목과 인용 중심의 생생한 제목을 세트로 함께 쓰면 효과적입니다. 첫 줄을 '○○, S전자와 반도체 협력 MOU 체결'처럼 팩트 중심으로 썼다면, 둘째 줄은 'K반도체 산업의 성장 함께 이끌 것'이라고 의미를 부여해 줍니다. 이런 식으로 핵심정보와 추가정보를 분리해서 쓰면 가독성이 높아지고, 기자가 자기 의도대로 제목을 선택하는 게 수월해집니다.

둘째, '부제목'은 단어나 표현이 주제목과 최대한 겹치지 않으면서도 내용을 보완해 주는 역할을 하는데, 헤드라인과 구분되는 작은 고딕체로 3개 정도, 25자 내외로 쓰는 게 좋습니다. 예를 들면 'K반도체의 안정적 생산을 위한 우수 협력모델 구축 및 운영'이라고 적습니다.

셋째, 본문의 첫 문장인 '리드문'은 핵심만 써야 합니다. 이것저것 좋아 보이는 것들을 모아 주렁주렁 설명을 달고, 도대체 뭔 소린지 모르게 지금 일부러 길게 쓰는 이 문장처럼 중복된 표현을 마구 달아 놓으면 안 됩니다. 첫 소절만 들어도 어떤 노래인지 알 수 있는 것처럼, 보도자료의 첫 문장만 봐도 매력적인 뉴스거리로 보여야 합니다. 육하원칙을 잘 지키는 건 기본

중 기본이고, 글의 화제를 시의성 있고 선명하게 제시하는 것이 필수입니다.

넷째, '본문'은 역逆피라미드 구조, 즉 '두괄식'으로 구성해야 합니다. 지루한 배경설명이나 관련 사례는 무조건 첨부로 붙이면 됩니다. 또한 주어, 서술어, 목적어, 보어 같은 문장 필수성분이 잘 들어갔는지 체크하면서 가능하면 문장을 짧게 치고 가는게 좋습니다. 주술 호응도 안 되고, 비문과 부사가 가득한 보도 자료를 좋아할 기자는 아무도 없습니다. 성의가 없는 거죠.

다섯째, '인용'은 큰따옴표(" ") 안에 대표나 전문가의 말을 넣는 내용입니다. 마치 기자가 실제로 취재를 한 것처럼 현장 느낌을 그대로 전해 주는 중요한 역할을 합니다. 사장님, 장관님, 그리고 고객의 목소리를 일부 가공해 담아 줍니다. 그렇다고 인용만으로 보도자료를 꽉꽉 채우면 사실과 의견이 모호해집니다.

여섯째, '첨부'는 글의 흐름상 본문에 담지는 못했지만 내용 이해를 위해 꼭 필요한 내용을 따로 담는 부분입니다. 사진, 도

149

표, 인포그래픽, 유사사례 등 메시지를 강조하는 자료들을 여기에 챙겨 넣습니다.

챗GPT를 활용한
60초 보도자료 작성법

만약 여러분이 헬스케어 벤처기업 마케팅 담당자인데, 삼투압 기능의 탈모샴푸를 출시했다고 생각해 볼게요. 이 제품은 두피 속 노폐물을 배출하고 모공을 조여서 모발에 힘과 탄력을 주는 특징이 있습니다. 제품 이름은 '탄탄한 두피와 탄력있는 모발'이란 뜻을 담아 '탄모 샴푸'로 정했습니다.

그런데 문제는 고객들이 제품의 이름조차 모른다는 겁니다. 이런 경우에는 제품의 장점, 이벤트 소식, 제품 구성이 중요한 게 아닙니다. 당연히 '이름'이 먼저입니다. 보도자료의 목적도 '탄모 샴푸'라는 상품의 존재를 알리는 데 있고, 일단 이름을 알리는 게 그 핵심입니다. 모든 초점을 여기에 맞춰야 합니다.

이 경우 보도자료의 핵심메시지는 뭐가 되어야 할까요? 제품의 효과를 드러내는 '소금 삼투압' '머리카락 단단' '모낭 응집' 정도 아닐까요? 챗GPT에 보도자료 작성을 요청할 때 꼭 넣어야 할 핵심키워드를 이렇게 먼저 추려 보는 겁니다. 이제 챗GPT를 만날 준비가 거의 다 됐습니다.

여기까지 차근차근 읽으신 분이라면 보도자료 초안 작성용 프롬프트를 단순히 "보도자료를 써!"라고 써서는 안 된다는 걸 잘 알고 계실 겁니다. 다음의 프롬프트를 복사해서 세부내용만 상황에 맞춰 적절히 바꾸면 됩니다.

[ACTS 구조에 맞춘 프롬프트 예시 : 신제품 보도자료 작성]

1. Actor (역할)
너는 20년 경력의 PR 및 마케팅 전문가야. 헬스케어와 뷰티 분야에서 수많은 신제품 런칭 보도자료를 성공적으로 작성했어. 특히 복잡한 기술을 대중이 이해하기 쉽게 설명하는 능력이 뛰어나고, 트렌디한 마케팅 언어 구사능력이 탁월해.

2. Context (맥락)
신제품 탈모 샴푸의 보도자료를 작성할 거야. 주 타깃은 30대 남성이야. 대한민국 탈모 인구를 성별/연령대로 구분해서, 모발 개선이 삶의 질에 미치는 영향을 강조하고 싶어. 두피 삼투압 효과와 모발 강화의 구체적 혜택을 중심으로 다뤄 줘. 관련 기사나 고객의 목소리를 참고해 사실 기반의 자료를 강화해 줘. 브랜드 메시지를 효과적으로 전달해 미디어 노출 극대화 및 소비자 관심 유도가 이 보도자료의 목표야.

3. Task (작업)

다음 6개의 필수요소에 맞춰서 '탄모' 출시 보도자료를 작성해 줘.

(1) 제목 : 신조어 또는 유행어 활용, 제품명 '탄모'를 포함

    (단, 20자 이내. 핵심/추가 정보를 분리해 2줄의 제목 작성)

(2) 부제목 : 제목을 보완하며 제품의 주요 특징을 함축적으로 재전달

(3) 리드문 : 5W1H에 근거해 핵심내용 50자 이내 요약, 탈모 인구 증가
    율 및 30대 남성 주요 이슈 포함

(4) 본문 : 제품 핵심기능 및 차별점 강조, 소금 삼투압, 단백질 응집력 등
    핵심원리 설명 필수, 제품 사용 전후 효과 비교(데이터 기반), 기존 샴
    푸와의 차별점 명확화

(5) 인용문 : 제품연구원, 고객, 업계 전문가 코멘트 윤색

(6) 별첨 : 제품 이미지, 주요 성분, 사용가이드 등 추가자료

4. Sample & Style (예시 및 문체)

(1) 개조식 아닌 서술형. 기사에 바로 올릴 수 있는 완성된 문장

(2) 문장은 (~다)로 종결, 짧고 간결, 친숙한 일상언어, 중복 최소화

(3) 신뢰도 높은 객관적 정보 전달, 첨부문서(제품 컨셉) 참고

네, 신제품 탈모샴푸의 보도자료를 작성하겠습니다.

1. 제목

[두피 삼투압 기술이 적용된 신개념 샴푸 '탄모' 출시] (팩트 제공)

"이제 탈모 관리도 탄력까지 생각해야 합니다" (의미 부여)

2. 부제목
 - 대한민국 30대 남성을 위한 탈모 예방 맞춤형 솔루션
 - '탄모'만의 두피 삼투압 기술로 모발을 건강하게
 - 민간요법을 현대 과학으로 재탄생시킨 혁신 샴푸

3. 리드문
대한민국의 탈모 인구가 점점 증가하는 가운데, 30대 남성을 위한 맞춤형 탈모 샴푸가 출시되었다. '탄모'는 독자적인 두피 삼투압 기술과 모발 강화를 위한 단백질 응집력 강화 효과를 통해 탈모 고민을 해결하고 모발 탄력을 개선하는 데 중점을 둔다.

4. 본문
탈모로 고민하는 대한민국 30대 남성들에게 희소식이 전해졌다. 대한민국 남성의 40%가 탈모 초기 증상을 겪고 있는 가운데, 30대는 특히 스트레스와 생활습관으로 인해 탈모가 빠르게 진행될 수 있는 연령대이다. 이에 '탄모'는 이들 남성을 위한 혁신적인 탈모 샴푸로 개발되었다. '탄모'의 가장 큰 차별점은 독자적인 '소금 삼투압 기술'이다. 이 기술은 두피의 혈액 순환을 촉진하여 모근에 영양을 원활히 공급하는 동시에 두피의 노폐물을 효과적으로 제거한다. 이와 함께 '단백질 응집력 강화'를 통해 손상된 모발의 단백질 구조를 복구하고 모발의 탄력성을 높이는 데 기여한다.

제품 개발 과정에서 민간요법에서 영감을 받은 '탄모'는 전통적으로 사용되어 온 소금 세정법을 현대 과학으로 재해석하여 독자적인 기술로 완성했다. 이를 통해 모발을 건강하고 강하게 가꾸어 삶의 질을 향상시키는 데 도움을 준다.

제품 사용 전후 비교에서도 뛰어난 효과를 확인할 수 있다. '탄모'를 사용한 고객의 90% 이상이 모발 탄력 개선을 경험했으며, 두피의 청결함과 건강 상태가 현저히 개선된 것으로 나타났다.

5. 인용문

"탈모는 단순한 외모의 문제가 아니라 자신감과 직결된 문제입니다. '탄모'는 과학적 연구와 전통 지혜를 결합하여 누구나 손쉽게 탈모를 예방하고 건강한 모발을 유지할 수 있도록 설계되었습니다." – 탄모 연구소 책임자 김 모 박사

"'탄모'를 사용하고 나서 두피가 깨끗해진 느낌이 들고, 모발이 이전보다 훨씬 건강해졌습니다. 이제 더 이상 탈모에 대한 걱정 없이 일상생활을 즐길 수 있습니다." – 고객 후기

6. 붙임 자료

① '탄모' 제품의 주요 성분 및 효능 비교표
② 대한민국 탈모 인구 통계자료 (성별/연령대별)
③ '탄모' 사용 전후의 고객 후기 및 사진 자료
④ 소금 삼투압 기술 관련 연구 논문 발췌

생각보다 깔끔해서 좀 놀랐을 수도 있습니다. 실제로 챗GPT가 글쓰기 자료를 초기 학습할 때 가장 많은 유형의 글이 바로 '보도자료'였다고 하니, 챗GPT의 강점이 바로 '보도자료' 작성이라고 해도 과언이 아닙니다.

만약 여러분이 회사에서 하는 일의 절반이 보도자료 작성이라면 정말로 일자리가 위태롭습니다. 이제부터는 새로운 고민을 시작해야 합니다. 생성형 AI를 활용해 업무 속도를 비약적으로 높이거나 생성형 AI가 아직은 접근하기 어려운 전략 수립과 창의력 발휘, 그리고 나만의 경험쌓기에 집중하세요. 그래야 살아남습니다.

사과문과 시말서

만능은 없지만
원칙은 있다

    회사를 다니면서 한 번도 안 쓰고 싶은 글이 있습니다. '사과문'과 '시말서'입니다. 하지만 때로는 사고를 당하거나, 예상치 못한 실수를 하거나, 혹은 가혹한 상사를 만날 수도 있습니다. 스피치라이터인 저에겐 회사를 대신해 사과문을 써야 하는 무서운 상황도 가끔 생깁니다.

    이런 불행들을 마주치면 아마도 머리가 하얗게 되실 겁니다. 부정, 분노, 짜증, 우울, 체념 등의 복잡한 감정을 차례대로 겪게 되고, 마지막엔 '도대체 이걸 어떻게 써야 하지?'라는 지극히 현실적인 글쓰기 고민과 마주하게 되죠.

막막하고 답답한 마음에 인터넷을 뒤져봐도 별 소득이 없으실 겁니다. 그곳엔 '만능 사과문' '완벽한 시말서'라는 이름을 단 파일들이 여럿 올라와 있지만, 이걸 그대로 가져와 이름만 바꿔 썼다가는 오히려 문제를 더 키울 수 있습니다. 그렇다고 '무조건 죄송합니다'라고 엎드려 쓰는 게 능사도 아니고, 모른 척 무시하거나 무한정 시간을 끌 수도 없습니다.

사과문과 시말서의 차이

이럴 때는 한 발 물러서서 조금 차분해질 필요가 있습니다. 우선 내가 써야 하는 글의 종류와 목적이 무엇인지부터 정확히 따져봐야 합니다.

일단 사과문謝過文은 기업을 대표해 홍보팀과 법무팀이 함께 쓰는 글입니다. 이해관계자가 복잡해 난이도가 매우 높고, 급하게 쓰다 보면 되레 실수하기 쉽습니다. 원칙을 미리 정해 여러 차례 매뉴얼을 훈련하고 써야 합니다.

그다음 일본식 한자어인 시말서始末書는 발음부터 특정한 욕설이 연상될 정도로 불편한 글입니다. 말 그대로 '어떤 사건사고의 처음始부터 끝末까지 자세히 적어 오라'는 건데, 논리적이고 객관적인 서술이 글의 핵심입니다. 책임 소재를 따져 물으려는 거죠.

여러분이 회사에서 사과문과 시말서를 쓰느라 며칠째 고민 중이라면 위기관리 전문가들이 말하는 '기업 사과문의 CAP 법칙'을 일단 정확히 알고, 이걸 시말서에도 적용하시길 추천드립니다.

사과문과 시말서에 꼭 포함시켜야 하는 CAP 법칙

기업 위기관리의 핵심인 'CAP 법칙CAP Rule'은 관심과 걱정, 행동조치, 예방 또는 재발방지의 3가지 요소로 구성됩니다.

CAP 법칙을 잘 지킨 성공적 사례로 전문가들은 2015년 6월 이재용 부회장의 '삼성병원 메르스 사태' 사과문*을 꼽습니다. 당시 1년 넘게 투병 중이던 이건희 회장 이야기까지 꺼내며 이재용 부회장이 유족들의 고통을 진정성 있게 위로했고, 음압병실 확충과 백신 개발 약속을 구체적으로 제시했었죠.

반대로 이걸 지키지 못해 패러디와 조롱이 빗발쳤던 사례는

'포스코 라면상무'와 '대한항공 땅콩회항'입니다. 포스코 라면상무 사례는 비즈니스석에 탄 포스코 계열사의 임원이 라면이 덜 익었다며 승무원과 실랑이를 벌이다 급기야 잡지로 승무원을 때리고 거친 욕설을 했던 사건입니다. 땅콩회항은 뉴욕을 출발한 대한항공 1등석에서 승무원이 마카다미아를 봉지째 가져다준 것을 문제 삼은 일인데, 이륙 중이던 비행기를 멈춰 세우고 담당 사무장을 JFK공항에 내려두고 간 사건입니다. 이건 〈그것이 알고 싶다〉에서 다루고, 외신에서도 'Peanut Return'이라고 집중 소개할 정도로 악명 높은 사건이었죠.

CAP의 첫 번째 C는 관심과 걱정 Care & Concern 입니다. 이번 사건사고로 피해를 입었거나 악영향을 받은 사람들에 대한 진심 어린 걱정을 표현하는 것입니다. 예를 들어 "제 실수로 인해 팀원들이 추가 업무를 해야 했고, 고객사 신뢰도 하락했습니다"처럼 '무엇을 누구에게 왜 미안하게 생각하는지'를 명확히 하는 것이 중요합니다.

두 번째 A는 행동조치 Action 입니다. 피해를 최소화하기 위해 사건 이후로 어떤 행동을 취했는지를 설명하는 것입니다. "오류가 발견된 즉시 고객사에 연락하여 현 상황을 설명하고, 대체

방안을 제시했습니다"와 같은 구체적 설명이 필요합니다. 이때 내가 얼마나 노력했고 힘들었는지를 하소연하지 말고, 문제해결을 위한 노력들을 다양한 측면에서 심도 깊게 보여주는 게 핵심입니다.

마지막으로 P는 예방 또는 방지 Prevention 입니다. 비슷한 일이 또다시 생기지 않도록 문제의 원인이 된 시스템이나 설비, 제도, 문화를 바꾸겠다는 공개적인 약속을 가리킵니다. 예를 들어 "앞으로 이런 실수가 재발하지 않도록 체크리스트를 만들었고, 매주 팀 미팅에서 프로젝트 진행상황을 공유하겠습니다"와 같이 시스템이나 프로세스 개선방안을 구체적으로 설명하는 것이 중요합니다.

반드시 피해야 하는
BIO 함정

CAP 법칙을 따르면 위기 속에서도 신뢰를 회복할 수 있지만, BIO 함정에 빠지면 오히려 상황이 악화될 수 있습니다.

첫 번째 B는 '그러나 But'입니다. 억울한 마음이 앞서는 건 인지상정이지만 "그럴 뜻이 아니었지만(회피)" "그 당시 관례였지

[CAP 법칙]

구분	내용
Care & Concern (과거, 30%)	• 사건이나 사고를 신속히 공개하고 인정 　- 나쁜 소식은 가능하면 한 번에 알림 　- 특정인일 경우, 사과 대상을 구체적으로 지명 • 진정성 있는 관심과 우려, 위로 표현 　- 상투적·일상적 문구 사용 금지 　- 최대한 상세하고 친절하게 상황 묘사
Action (현재, 60%)	• 피해를 최소화하려는 성실한 노력 　- 지금까지 확인된 사고 발생의 원인 공개 　- 사실관계 아닌 오류의 해명과 정정 　- 회사의 고생이 아니라 고객의 고통에 집중 • 피해의 정확한 확인과 현실적 보상 제시
Prevention (미래, 10%)	• 당사자 또는 최고책임자의 거듭 사과 　- 피해 규모에 따라 사과 주체를 구별해 알림 • 재발 방지를 위한 시스템 개선 약속

만(억울)"이라고 말해서는 안 됩니다. 시말서의 경우 "실수가 있었지만, 당시 업무량이 너무 많았습니다"와 같은 변명이 들어가면 진정성이 심각하게 훼손될 수 있습니다.

두 번째 I는 '만약에If'입니다. 문제가 이미 커져서 글을 쓰고 있는 건데 "만약 피해가 있으셨다면 죄송합니다"와 같은 표현은 유체이탈처럼 느껴집니다. "뉴스를 보고 많이 놀라셨다면(언론 공격)" "피해를 입으셨다면(조건부)" "외부업체를 제대로 관리했더라면(책임 전가)"이라는 표현은 더 큰 위기의 씨앗이 됩니다.

세 번째 O는 '과장된 반응Over-action'입니다. "죽을 죄를 지었습니다" "제가 모든 책임을 다 지겠습니다"와 같은 과장된 표현은 상대방에게 용서를 강요하는 불편하고 무례한 말입니다. 조롱과 빈정거림으로 비춰질 수도 있고요.

시말서를 쓸 때
현실에서 마주하는 상황들

아마도 여러분은 사과문을 쓸 일은 없을 테니 시말서 사례를 하나 소개해 드리려고 합니다. 제가 직접 겪은 일인데, 그 친구는 일도 잘하고 싹싹한데 근태관리가 엉망이었죠. 일주일에 서너 번 30분씩 꼭 늦는데, 이유를 물어보면 피치 못할 사정이 늘 있었습니다. 그러다가 중요한 클라이언트 미팅에도 30분 넘게 지각했고, 결국 시말서를 써야 했습니다.

[BIO 함정]

구분	내용	해석
But	• 본의 아니게, 그럴 뜻은 아니었지만, 어쩔 수가 ~	[회피] 그럴 줄은 전혀 몰랐어. 그게 왜 내 잘못?
	• 저만 그런 게 아니라, 그 당시 관례였지만 ~	[억울] 나도 피해자라고. 뭘 알고들 떠들어, 이 멍청아!
	• 죄송합니다. 준비된 사과문을 읽도록 ~	[수동] 뭘 잘못했는지 모르지만, 일단 시끄러우니까.
If	• 뉴스 보도를 보고 많이 놀라셨다면 ~	[언론 공격] 이게 다 그 빌어먹을 뉴스 때문이야!
	• 이번 일로 갑작스런 불편을 겪으셨다면 ~	[조건부] 솔직히 별로 피해 없잖아, 왜들 난리야.
	• 외부업체를 제대로 관리 감독했더라면 ~	[책임 전가] 내 잘못이 아니야. 그놈들이 그런 거지.
Over-action	• 죽을 만큼 끔찍한 죄, 입이 열 개라도 할 말이 없습니다 ~	[조롱/냉소] 그래, 내가 죽일 놈이다. 사약이라도 줘라.
	• 이후 발생할 모든 책임을 제가 다 지고 ~	[단정] 에라, 급한 불부터 꺼야 하니, 지르고 보자!
	• 앞으로 잘할 테니, 제발, 싸나이답게 용서 좀 ~	[강요] 아, 씨, 이 정도 했으면 그냥 좀 봐 줘라!

[현실에서 종종 마주치는 시말서 작성 예시]

> 저는 지난 3개월간 총 7회 지각했으며, 특히 4월 15일 ABC사와의 중요 클라이언트 미팅에 30분 이상 늦었습니다.
> 하지만 당일 아침 교통상황이 평소보다 심각하게 혼잡해 어쩔 수 없는 상황이었음을 감안해 주시면 감사하겠습니다.
> 지각 당일, 클라이언트에게 상황을 간략히 설명하고 양해를 구했으나, 이로 인해 팀과 회사의 이미지에 손상이 있었다면 죄송합니다.
> 앞으로는 절대로 지각하지 않을 것이며, 제 실수로 회사에 누가 되는 일은 두 번 다시 발생하지 않을 것임을 맹세합니다.

방금 전 설명드렸던 내용들을 기준으로 검토할 때, 이 글에는 치명적인 문제가 여럿 있습니다.

CAP 측면에서는 클라이언트 미팅에 지각한 것이 회사의 신뢰도에 미친 손상, 팀원들이 급하게 대응해야 했을 심리적 부담, 클라이언트의 소중한 시간 낭비 등에 대한 진정한 공감이 전혀 표현되지 않았습니다. 또한 "클라이언트에게 상황을 간략히 설명하고 양해를 구했다"라는 행동조치Action는 비교적 적절하지만, 예방책Prevention에 있어서는 "절대로 지각하지 않을 것"이라는 막연한 약속만 있을 뿐이죠.

BIO 관점에서는 책임회피But, 조건부 표현If, 과장된 약속

Over-action 등 꼭 피해야 할 내용들이 모두 담겨 있어 진정성을 떨어뜨립니다. 특히 "당일 아침 교통상황이 평소보다 심각하게 혼잡했고"로 시작하는 문장은 책임을 자신이 아닌 외부요인으로 돌리고 있습니다. "손상이 있었다면 죄송합니다"와 같은 문장은 이미 발생한 피해를 축소하려는 악의적 태도로 평가될 수 있습니다.

챗GPT를 활용한
시말서 작성법

이처럼 복잡한 감정이 섞인 시말서도 챗GPT를 활용하면 효과적으로 쓸 수 있습니다. CAP와 BIO를 학습시킨 후, 다음의 프롬프트를 입력하면 1분 만에 시말서가 완성됩니다.

[시말서 작성을 위한 프롬프트 예시]

다음 상황에 맞는 시말서를 작성해 줘. CAP(관심과 걱정, 행동조치, 예방 또는 방지) 법칙을 적용하고, BIO(책임회피, 조건부 표현, 과장된 약속) 요소는 피해서 작성해 줘.

1. 상황 : 고객 미팅에 30분 지각하여 프레젠테이션 시작이 지연됨
2. 개인정보 : 직책(마케팅팀 대리), 이름(홍길동), 날짜(2025.5.2)
3. 특이사항 : 평소 근태불량으로 지적을 받은 바 있는데, 당일도 교통체증으로 지각했음. 사전에 연락하고 사후조치를 취했으나 팀의 업무 부담, 이미지 추락은 완전히 회복되지 못했음.

제목 : 고객 미팅 지각에 관한 시말서
발생일시 : 2025년 5월 2일
작성자 : 마케팅팀 대리 홍길동

1. Care & Concern (관심과 걱정)
저의 지각으로 인해 ○○고객사와의 미팅이 예정된 시간보다 30분 늦게 시작되었습니다. 이는 고객과의 신뢰 형성에 부정적인 영향을 미칠수 있는 중요한 문제이며, 저의 개인적인 근태 문제로 인해 팀과 회사의 이미지에도 영향을 미쳤습니다.

2. Action (행동조치)
지각이 불가피한 상황에서 즉시 팀장님께 연락하여 상황을 공유하고, 고객사에도 사전에 양해를 구했습니다. 또한 도착 후 빠르게 프레젠테이션을 진행하기 위해 팀원들과 역할을 조정하고 핵심내용을 중심으로 발표시간을 조율하였습니다. 이후 고객사에 다시 연락을 드려 정중히 사과하고 후속 미팅을 조율하여 신뢰 회복을 위해 노력하였습니다.

3. Prevention (예방 및 방지)

앞으로는 교통 상황을 고려하여 최소 30분 이상 여유를 두고 출발하겠습니다. 또한 주요 미팅이 있을 경우, 사전에 대중교통 이용을 검토하여 지각 위험을 최소화하겠습니다. 더불어 평소 근태관리를 철저히 해 지각이 반복되지 않도록 경각심을 갖겠습니다.

팀과 회사에 피해를 끼친 점을 깊이 반성하며, 앞으로 신뢰를 회복할 수 있도록 최선을 다하겠습니다.

실수는 누구나 하고, 사고는 언제 닥쳐올지 모릅니다. 중요한 건 '그 실수와 사고를 어떻게 해석하고, 얼마나 진정성 있게 대응하느냐' 하는 점입니다. 챗GPT에만 의존해서도 안 됩니다. 가장 중요한 건 사과하고 반성할 일을 애초부터 만들지 않는 거고요. 부디 이 내용만은 여러분께 쓸모가 없었으면 좋겠습니다.

거절과 질책

싫은 소리도
품격 있게 하는 방법

"말이 되는 소리를 좀 하세요. 그건 절대로 안 됩니다. 당장 나가세요!"

"무슨 일을 이따위로 처리해요. 회사 그만 다니고 싶어요?"

이런 말을 회사에서 들으면 월급이 얼마나 무서운지 실감하게 됩니다. 자존감은 바닥으로 떨어지고, 앞으로 어떻게 얼굴 들고 다닐지 막막해집니다. 저도 홍보인 10년, 스피치라이터 8년의 생활을 하면서 서너 번 이런 감정적인 질책을 들었습니다. 가시를 삼킨 것처럼 머릿속이 따갑고 복잡했죠. 너무나 억울해 멱살이라도 잡고 싶었지만 꾹 참아야 했습니다.

거절과 질책을 제대로 못하면
생기는 일

그런데 회사생활을 오래 하다 보면, 이와는 정반대로 상대의 부탁이나 요청을 '거절'하거나 잘못을 '질책'해야 하는 어려운 순간이 찾아오기도 합니다. 누군가에게 부당한 요구나 압력을 받을 수도 있고, 팀장이나 선배로서 부하직원과 후배의 실수를 정확히 짚고 넘어가야 하는 일도 생기거든요.

이럴 때 대부분의 사람들은 대충 애매한 포지션으로 뭉개고 맙니다. '괜히 나서서 불편하고 골치 아픈 상황을 만들 필요가 없다'라고 생각하는 것 같아요. 하지만 잘못된 상황을 제대로 지적하지 않고 넘어가면 "사람 좋다"는 말을 잠시 들을 수 있을지는 몰라도, 감당하기 어려운 요구를 마지못해 들어줘야 하거나 팀 전체의 생산성이 떨어지는 부작용이 생기기도 합니다.

반대로 어떤 사람들은 자기확신과 선택적 분노조절 장애의 화신입니다. 주로 힘 있는 사람들이 이런 경향을 보이는데, 상대가 자신보다 약하다고 생각하기 때문에 남의 밥그릇을 흔들며 거절과 질책을 가혹하게 내뱉습니다. 이 경우 일부에게서 "카리스마 있다"라는 평가를 받을 수도 있겠지만, "독선적이다"

"권위적이다" "소시오패스다"라는 욕설 섞인 뒷말이 무성하기 일쑤입니다.

결국 이런 양극단의 방식은 개인과 조직, 누구에게도 도움이 안 됩니다. 문제를 외면하면 조직은 무의미한 일에 매몰되고, 선을 넘으면 팀의 심리적 안정감을 순식간에 무너뜨리게 되거든요.

'나도 저럴 수 있다'라는 측은지심과 역지사지

화를 못 참는 바람에 승진 문턱에서 미끄러진 분들이 제 주변엔 여럿 있습니다. 이분들이 평소 공격적인 자세 대신 상대방의 입장을 먼저 이해하고 공감해 주려는 자세를 가졌다면 결과는 달라졌을 겁니다. 그렇지 않고 쌍소리를 함부로 하거나 "이건 들어줄 가치도 없어!"라며 면전에서 딱 잘라 체면을 확 긁거나 "도대체 넌 생각이 있는 거야, 없는 거야?"라고 모욕감을 심어주면 평생의 적을 하나 만드는 겁니다. 어리석은 일이죠.

부득이 거절과 질책을 해야 하는 상황이라고 판단되면 싫은 소리만 하지 말고 나름의 대안까지 함께 제시하는 게 현명합니다. "아쉽게도 나는 지금 도와주기 어렵지만, 이렇게 바꿔서 여기에 한 번 더 물어보면 좋을 것 같다"라고 하거나 "방법을 이렇게 바꿔서 처리하면 더 좋은 성과가 날 것 같다"와 같은 따뜻해 보이는 관심을 덧붙이는 겁니다. 그러면 싫은 소리를 전하고도 상대방에게 좋은 말을 들을 수 있습니다. 최소한 욕은 안 먹고, 나중에도 할 말이 생깁니다.

회사에서 누군가를 공격할 때에는 나 역시 언젠가 다른 누군가에게 질책을 받을 수 있다는 걸 명심하세요. 또한 '오죽하면 저놈이 나에게 이런 말까지 할까?' '나라면 어떻게 했을까?' 이런 식으로 상대 입장에서 생각해 보세요. 직장 내 괴롭힘으로 신고 당할 일을 미리 피할 수 있습니다. 농담이 아닙니다.

그렇다고 모든 부탁을 다 들어주거나 잘못을 무조건 모른 척하라는 뜻이 아닙니다. 입장과 관점의 차이를 인정하고, 상대의 사정을 조금 더 깊이 생각하면 같은 거절과 질책도 품격있고 안전하게 할 수 있다는 이야기입니다. 거절과 질책을 받았지만, 인간적으로는 존중받았다고 느끼도록 하는 게 바로 '싫은 소리의 기술'이거든요.

그래서 저는 이런 불편한 이야기를 할 때 '말'보다는 먼저 '글'로 정리해 보라고 항상 말씀드립니다. 어려워도 글로 쓰면 자신의 감정을 조절하고 상대를 설득할 논리를 다듬을 수 있거든요.

싫은 소리하고도
욕 덜 먹는 글쓰기 원칙

논리적 설득을 위한 글쓰기 구조인 PREP은 싫은 소리를 할 때 유용한 글쓰기 프레임 중 하나입니다. Point(주장), Reason(이유), Example(예시), Point Again(재주장)으로 구성되는데, 여기서 Point를 Opinion으로 고쳐서 오레오OREO라고 과자 이름으로 쉽게 외워도 됩니다. 뭐라고 부르든 내용은 똑같습니다.

첫째는 Point, 명확하게 "No!"라고 생각을 밝혀줍니다. 어차피 안 되고 욕먹는 일을 서너 바퀴 빙빙 돌리면 상대방은 더 짜증을 느낄 수 있습니다. 안 된다는 점을 두괄식으로 분명히 해서 불필요한 기대를 키우지 않는 게 중요합니다. 이때 상대방의 처지를 공감하는 자세로 '죄송하지만' '안타깝지만'과 같은 완화된 표현을 사용하면 충격을 줄일 수 있습니다.

둘째는 Reason, 거절과 질책의 근거를 제시하며 배려를 담아 설명해야 합니다. 왜 안 되는지, 어떤 점이 문제인지에 대한 객관적 근거를 제시해야 납득이 됩니다. 상대방의 마음을 헤아리는 차원에서, 서로 입장이 다를 뿐 당신의 요구가 불합리하거나 완전히 잘못된 것이 아니라는 사실도 인정해야 합니다. 실제로 한 조사에 따르면, 당사자 입장에서는 무려 75%가 거절과 질책의 직접적이고 명확한 이유를 듣고 싶어한다고 합니다.

셋째는 Example, 예시를 들어줘야 합니다. 당신에게만 유난히 원칙을 매몰차게 적용한 게 아니라는 걸 분명히 하는 거죠. 이전의 유사한 거절과 질책의 사례를 알려주면 그만큼 싫은 소리도 받아들이기 쉽고, 불필요한 자책이나 관계 악화를 막을 수 있습니다. 예를 들어 "기준에 맞는 내용은 이것뿐이다"라고 명확히 설명함으로써 공정성과 일관성을 유지합니다. 이렇게 하면 상대방이 감정적으로 오해할 일이 줄어듭니다.

넷째는 Point Again, 다시 한 번 단호히 거절합니다. 어차피 안 되는데 괜히 다른 결과를 기대하도록 여지를 남기는 건 매너가 아닙니다. 오히려 희망고문입니다.

챗GPT로 거절과 질책도 매너 있게

피하고 싶은 거절과 질책의 메시지도 챗GPT를 활용하면 불필요한 감정 소모 없이 효과적으로 쓸 수 있습니다. 이때 단순히 "거절하는 글을 써 줘!"라고 지시하면 기대한 결과가 안 나옵니다. 그럴 땐 언어로 코딩을 한다고 생각하고, 질문을 구조화해 보세요.

[PREP 구조로 작성한 거절 메시지 프롬프트 예시]

다음 내용에 맞춰 거절/질책 메시지를 작성해 줘.

1. Actor (역할)
너는 전문적이고 단호하지만, 상대의 장점을 기억하며 인간적으로 접근하는 팀 리더야.

2. Context (맥락)

프로젝트 마감일을 반복적으로 지키지 못하는 팀원에게 경각심을 주고 업무 효율을 높이고 싶어. 이 팀원은 이미 몇 차례 지각으로 지적받은 적이 있어서, 현재 문제를 확인하고 대안을 제시하려는 상황이야. 감정적 오해를 최소화하고 싶어.

3. Task (작업)

아래의 PREP 구조를 사용하여 팀원이 반복적인 마감일 미준수를 개선하도록 설득력 있고 효과적인 이메일을 작성해 줘.
- Point : 정중하되 분명한 거절(질책) 메시지
- Reason : 거절(질책)하는 이유 설명
- Example : 상대를 배려하는 새로운 대안 예시
- Point Again : 거절(질책) 메시지의 반복

4. Sample & Style (예시 및 문체)

단호하지만 배려심 있고 정중한 어조를 유지하며, 구체적 근거와 사례를 들어 논리적으로 설득하고 싶어. 비난이나 지나친 공격은 피하며, 문제의 심각성을 분명히 전달해 줘.

[요청] 프로젝트 마감일 준수 – 개선 필요

1. Point (핵심메시지)

안녕하세요, ○○님. [□□□]을 잘해 주신 덕분에 프로젝트가 더 나은 방향으로 잘 진행되고 있습니다. 그런데 최근 프로젝트 마감일 준수에 어려움을 겪고 계신 것 아닌가 하는 걱정이 듭니다. 지난 3개월간 2번이나 일정이 늦어져 팀 전체 업무가 지연되었거든요. 잘 아시겠지만, 마감 준수는 팀 전체의 원활한 협업을 위해 꼭 필요한 부분입니다.

2. Reason (문제의 원인과 중요성)

마감이 늦어지면 다른 팀원들의 일정관리에도 순차적인 문제가 생깁니다. 또한 이번 프로젝트는 팀의 1년 성과를 좌우하는 핵심과제인 만큼 모두가 긴장하고 있습니다.

3. Example (구체적 사례 및 대안 제시)

앞으로는 작업을 주 단위로 세분화해 부담을 줄이고, 진행상황을 더 자주 공유해 미리 조율하면 어떨까 합니다. 필요하면 업무를 조정해 보겠습니다.

4. Point (결론 및 협조 요청)

마감 준수를 위해 더 노력해 주시고, 혹시 어려운 부분이 있다면 편하게 커피챗을 요청해 주세요. 고맙습니다.

이렇게 쓰면 상대 입장에서는 '싫은 소리를 듣긴 들었는데, 뭔가 배려받은 기분'이 듭니다. 피하기 어려운 거절이나 질책의 어려운 순간이 온다면 '싫은 소리의 글쓰기 원칙'들을 떠올리고 챗GPT에게 글쓰기를 요청해 보세요.

분명히 말씀드리지만 거절과 질책은 상대에게 모욕감을 주거나 자신의 권위를 확인하려는 실력 행사가 아닙니다. 상대의 어려운 상황과 처지를 이해하고, 더 나은 방향으로 함께 나아가는 '갈등관리 커뮤니케이션'의 핵심입니다. 싫은 소리를 잘하면, 좋은 소리는 더 잘할 수 있습니다.

TALK 원칙으로
프레젠테이션 글쓰기

    글은 크게 '읽는 글' '보는 글' '듣는 글'의 3가지로 구분됩니다. '읽는 글'은 보고서, 기사, 책처럼 독자가 제 속도에 맞춰 정보와 논리를 따져 보거나 경험과 감상을 공유하는 글입니다. '보는 글'은 포스터나 광고처럼 시각적 요소가 강조된 글이고, '듣는 글'은 대화, 연설, 강연처럼 발표자가 말로 청중에게 전달해 주는 글입니다.

    대한민국 직장인, 그중에서도 공무원들은 '읽는 글'에 특히 익숙합니다. 그 때문인지 보고 듣는 게 중심이 되어야 하는 프레젠테이션 원고도 읽는 서류나 보고서처럼 길고 딱딱하게 쓰기 일쑤입니다. 믿기 어려울 수도 있지만, 어떤 기관에선 화면 속 가득한 글을 발표자가 40분 넘게 줄줄 읽기도 합니다. 다들 혼자서도 잘 읽을 수 있는데 말이죠.

스피치라이터인 저는 '말을 글로 쓰는' 일을 합니다. 예전엔 말과 글의 차이가 매우 컸습니다. 일상 대화에서는 "안녕히 주무셨어요?"라고 말하면서도 편지에는 꼭 '기체후 일향 만강하셨는지요?'라고 써야 맞다고 생각했죠. 하지만 요즘은 말과 글의 거리가 확 줄어들어 문어체와 구어체 모두에서 '안녕히 주무셨어요?'라고 씁니다. 시대가 변하면서 청중이 선호하는 소통방식이 격식을 갖춘 딱딱한 문어체에서 생생한 구어체로 달라진 거죠.

프레젠테이션 원고 작성의 원칙, TALK

저는 직장인 글쓰기 강사로도 가끔 활동하는데, 강의자료를 준비할 때 프레젠테이션 원고 작성의 원칙은 'TALK'입니다. TALK는 Tell(말하다), Again(반복하다), Less(줄이다), Keep(유지하다)의 줄임말입니다. 기억하기 쉬우면서도 강력한 효과를 발휘하죠.

첫째, Tell, don't read. 읽지 말고 이야기해야 합니다. 이 당연한 사실을 의외로 많은 사람들이 지키지 않아 프레젠테이션을 열심히 준비하고도 망칩니다. 애드립에 자신이 있다는 어떤 분은 "원고 없이 발표자료만 보고 즉흥적으로 하는 게 좀 더 자연스럽지 않나"라고 이야기합니다. 물론 원고가 있다고 다 잘하는 건 아니지만 TED, 세바시, 그리고 정치인과 기업인의 연설에는 모두 철저히 준비된 대본이 있습니다. 말 잘한다는 개그맨 유재석도 원고를 항상 준비한다고 합니다.

특히 첫 문장, 즉 '오프닝 멘트'만큼은 반드시 미리 준비하는 게 좋습니다. 프린스턴대학교의 심리학 연구에 따르면, 사람들은 0.1초 만에 호감을 결정하고, 그다음 3초 동안 그 사람의 말을 계속 들을지 말지를 결정한다고 합니다. 다시 말해 첫 문장이 엉망이면 청중들은 확증편향이 생겨 정말 중요한 본론은 아예 안 듣는단 소리입니다. 이 중요한 걸 어떻게 시작해야 할지 막막하다면 다른 사람들의 사례를 살펴보는 것도 방법입니다.

[청중의 관심을 잡아끄는 프레젠테이션 오프닝 예시]

1. 생각과 반응을 유도하는 질문
"여러분은 마지막으로 언제 종이지도를 보셨나요?"

(구글맵스 수석 부사장 젠 피차이, 2019 Google I/O 키노트)

2. 긴장을 풀어주는 유머
"제 아내는 제가 여기 서 있는 걸 보면 놀랄 겁니다. 보통 저는 집에서 설거지를 하고 있거든요."

(버락 오바마, 2009 화이트하우스 기자단 만찬 연설)

3. 믿을 수 있는 최신 데이터
"2023년 여름, 지구의 평균 기온은 역사상 가장 높았습니다."

(안토니우 구테흐스 UN 사무총장, 2023 기후변화 연설)

4. 공감을 이끌어 내는 이야기
"저는 대학 입학시험에서 세 번이나 떨어졌습니다. 취업도 30번 넘게 거절당했죠. KFC에 지원했을 때는 24명 중 23명이 합격했는데, 저만 떨어졌습니다. 하지만 저는 포기하지 않았고, 결국 알리바바를 창업해 성공할 수 있었습니다."

(알리바바의 공동 창업자 마윈, 2015년 다보스 세계경제포럼 연설)

5. 전문용어 풀이
"2050 탄소중립 시나리오는 2050년 탄소중립을 달성하게 되는 우리 사회의 미래상을 전망하고, 이를 통해 전환·산업·건물·수송 등 주요 부문별 정책 방향을 제시하는 것입니다."

(한정애 환경부 장관, 2021년 10월 27일 국무회의)

둘째, Again and again. 핵심메시지는 최소한 3번 이상 처음, 중간, 끝에서 반복해야 합니다. '듣는 글'은 페이지를 앞으로 넘겨 다시 살펴볼 수 없거든요. 실제로 스티브 잡스는 아이폰을 처음 소개할 때 이렇게 말했다고 합니다.

"(도입) 오늘 우리는 '휴대폰의 혁신'을 목격하게 될 겁니다. (본문) 이게 바로 우리가 '혁신적 휴대폰'을 발명한 이유입니다. (결론) 이제 여러분은 가장 '혁신적인 휴대폰'을 사용할 수 있습니다."

반복이 싫으면 문맥에 맞춰 표현만 다양하게 바꾸는 패러프레이징Paraphrasing 기술을 발휘할 수도 있습니다. 효율성을 '생산성'으로, 혁신을 '새로운 도전'으로 다르게 쓰는 거죠. 둘을 적절히 섞으면 전달력을 높이면서도 지루함을 줄일 수 있습니다.

[프레젠테이션에서 키워드를 강조하는 2가지 방법]

A) 전략적 동어 반복
'변화'는 피할 수 없습니다. '변화'에 적응하지 못하면 도태되고, '변화'를 주도하면 성장할 것입니다. 결국 '변화'가 곧 생존입니다.
B) 유사 의미 반복
'변화'는 피할 수 없습니다. '새 흐름'을 뒤따라만 가면 도태되고, 이끌어 가면 성장할 것입니다. 결국 '적응'이 생존입니다.

업무시간을 반으로 줄이는 챗GPT 글쓰기

셋째, Less is more. 발표자료는 최대한 간단하게 써야 합니다. 슬라이드 한 장을 가득 채워야 한다는 강박관념을 버리세요. 억지로 모든 내용을 꾸역꾸역 담으면 청중은 그걸 다 소화하느라 발표자에게 관심을 못 줍니다. 심한 경우에는 "그냥 자료만 주고 가라!"고 하는 황당한 경우도 종종 있습니다.

과학적으로도 인간의 뇌는 한 번에 처리할 수 있는 정보의 양이 제한되어 있다고 합니다. 프린스턴대학교 조지 밀러 교수의 '마법의 숫자 7±2' 이론에 따르면, 인간은 한 번에 5~9개의 정보만 단기기억에 저장할 수 있다고 합니다. 그러니 화면에는 핵심키워드나 간단한 이미지만 넣고, 핵심메시지는 발표자의 목소리로 직접 전달하세요. 목소리 크기나 높낮이를 바꾸면 연극적 효과를 줄 수도 있습니다.

넷째, Know your audience. 청중의 직급, 관심사, 배경지식 등을 이해하고 분석해야 합니다. 보고서를 상사에게 맞춰 쓰는 것처럼, 프레젠테이션은 '청중 맞춤형'으로 작성해야 하는 거죠. 같은 데이터를 보여주더라도 기술부서에게는 정확한 수치를 제시하고, 마케팅팀에게는 소비자 반응과 브랜드 스토리를 들려줍니다.

청중과 적극 소통하는 것도 중요합니다. 프레젠테이션 중에는 청중의 표정과 반응을 잘 관찰하고, 필요하다면 설명 방식을 유연하게 조정해야 합니다. 청중의 참여를 유도하는 질문을 던지거나 간단한 퀴즈를 활용하는 것도 좋은 방법입니다. 이렇게 양방향 소통을 하면 청중은 발표내용을 더 잘 기억하고, 핵심메시지도 효과적으로 전달할 수 있습니다.

챗GPT를 활용한
프레젠테이션 원고 작성법

챗GPT를 활용해 프레젠테이션 발표 원고의 초안을 작성할 때도 역시 "발표 원고를 써 줘!"라고 단순히 요청하면 안 됩니다. 기초가 되는 자료를 첨부한 다음 아래 내용을 복사해 사용하면 일일이 손으로 고치는 시간을 아낄 수 있습니다.

[프레젠테이션 변환 프롬프트 예시]

너는 10년 차 [생성형 AI] 분야의 프레젠테이션 전문가야. 첨부한 텍스트 위주의 보고서(혹은 PPT)를 아래의 TALK 원칙에 따라 청중과 소통하는 효과적인 프레젠테이션 원고로 변환해 줘.

1. 구어체로 변환 (Tell, don't read)

2. 핵심메시지 반복 (Again and again)

3. 내용 간소화 (Less is more)

4. 청중 맞춤 조정 (Know your audience)

추가 요청사항 :
중간중간 청중의 반응을 확인하는 대화형 문구를 자연스럽게 넣어 줘. 발표시간은 [5]분으로 조정해 줘. TED, 세바시 등의 발표원고를 검색해 톤앤매너와 좋은 표현을 참고해 줘. 또한 오프닝 멘트를 5개 버전으로 제안해 줘.

아래는 TALK 원칙을 반영하여 PPT 보고서를 청중과 소통하는 효과적인 5분 발표 원고로 변환한 내용입니다.

[발표 원고 (5분 버전, TALK 원칙 적용)]

1. 도입
"AI, 이제 우리 삶에서 빠질 수 없죠. 그런데 챗GPT만 쓰시나요? 오늘 5분 동안 챗GPT, 퍼플렉시티, 클로드 이 3가지 AI의 차이를 확실히 알려드리겠습니다." (잠시 멈추고 청중 반응 확인)
"혹시 챗GPT만 써보신 분? 퍼플렉시티나 클로드를 써본 분 계신가요?"

---

2. 챗GPT : 대화형 AI의 대표주자

"먼저 챗GPT. 우리가 가장 많이 쓰는 AI죠. 강점이 뭘까요? 자연스럽고 유창한 대화입니다. 질문하면 바로 답이 나오고, 글을 쓸 때도 창의적인 아이디어를 줍니다. 그래서 고객 상담, 콘텐츠 제작, 학습 도우미로 많이 활용되죠."

3. 퍼플렉시티 : 실시간 검색 AI

"그런데 챗GPT는 한 가지 약점이 있습니다. 최신 정보를 잘 모른다는 것. 퍼플렉시티는 여기서 차별화됩니다. 이 AI는 실시간 검색이 가능해요. 그리고 중요한 점! 출처를 명확히 제시한다는 겁니다.
예를 들어 '2025년 AI 기술 전망'을 검색하면 챗GPT는 '기존 학습 데이터'를 기반으로 답하지만, 퍼플렉시티는 최신 기사와 논문을 찾아 신뢰할 수 있는 정보를 줍니다."

4. 클로드 : 윤리적이고 분석력 강한 AI

"그렇다면 클로드는? 클로드는 분석력과 윤리적 설계가 강점입니다. 특히 데이터 기반 의사결정이 필요한 상황에서 클로드는 정보를 정리하고 패턴을 분석하는 데 강합니다. 또한 GPT 기반 AI보다 더 윤리적인 설계를 추구해서, 기업들이 내부적으로 활용하기 좋은 AI입니다."

5. 핵심 정리

"이제 세 AI의 차이가 정리되시죠? 자연스러운 대화가 필요하다 → 챗GPT, 최신 정보를 신뢰할 수 있게 검색하고 싶다 → 퍼플렉시티, 분석력이 뛰어나고 윤리적인 AI를 원한다 → 클로드. 여기서 중요한 포인트는 한 가지 AI로 모든 걸 해결할 수 없다는 것! 각 AI의 특성을 이해하고 적절히 활용하는 것이 중요합니다."

6. 마무리 & 청중 참여
"혹시 오늘 발표를 듣고 나서, 어떤 AI가 제일 마음에 드셨나요?" (청중 반응 유도)
"AI가 발전하면서 선택지도 많아지고 있습니다. 여러분이 필요한 AI를 똑똑하게 선택해서 활용하시면 좋겠습니다. 감사합니다!"

(*TALK 원칙 적용)
① 구어체 변환 → "읽는 발표"가 아니라 "말하는 발표"
② 핵심메시지 반복 → "챗GPT vs 퍼플렉시티 vs 클로드" 흐름 강조
③ 내용 간소화 → 기술적인 내용 최소화, 중요한 메시지만 전달
④ 청중 맞춤 조정 → 청중 반응을 확인할 수 있는 질문 삽입

또한 오프닝 멘트 5가지 버전을 함께 제안합니다.

1. 호기심 유발형
"여러분, 챗GPT만 써보셨나요? 퍼플렉시티와 클로드도 있다는 걸 알고 계셨나요? 과연 어떤 AI가 더 강력할까요?"

2. 문제 제기형
"챗GPT가 정말 최고일까요? 퍼플렉시티는 실시간 검색이 되고, 클로드는 윤리성과 분석력이 뛰어납니다. 어떤 AI를 선택해야 할까요?"

3. 상황 공감형

"AI로 글을 쓸 때, 혹은 정보를 찾을 때 고민해 본 적 있으신가요? 챗GPT, 퍼플렉시티, 클로드, 각각 어떤 장점이 있는지 딱 5분 만에 알려드리겠습니다."

4. 숫자 데이터 활용형
"챗GPT는 1억 명이 넘는 사용자가 쓰고 있습니다. 하지만 퍼플렉시티는 출처까지 명확한 검색 AI, 클로드는 윤리적 설계가 강점이죠. 그럼, 여러분이라면 어떤 AI를 선택하시겠습니까?"

5. 도발형 (논란 제기형)
"챗GPT만 알고 계셨다면, 오늘 발표를 듣고 생각이 바뀔지도 모릅니다."

결국 프레젠테이션 원고는 읽는 게 아니라 '말하는' 것입니다. TALK 원칙을 당신의 발표에 적용하면 프레젠테이션을 할 때마다 심장이 쿵쿵 뛰고 땀이 나던 상황이 절반으로 줄어듭니다. 그리고 프레젠테이션을 잘하면 상사의 인정을 받게 됩니다.

비전선언문

목표가 보이는
조직의 글쓰기

사람들이 회사를 떠나는 이유는 월요일 아침 직장인의 표정만큼 복잡하고 다양합니다. 연봉과 복지부터 출퇴근 거리, 조직문화, 워라밸, 인간관계 등은 봄날의 하품처럼 너무나도 흔한 퇴사 이유죠. 가끔은 "구내식당 밥이 맛 없어서요"라는 기발한 답변도 툭 튀어 나옵니다.

웃자고 한 소리지만, 조사 대상을 삼성, SK, CJ, LG, 현대, 롯데 같은 전통적인 대기업과 네이버, 카카오, 라인, 쿠팡, 배달의민족, 토스로 대표되는 IT 유니콘기업으로 좁혀 보면 의외의 공통점이 나옵니다. 퇴사 이유 1위가 바로 '비전이 없어서'라는 점입니다. 아니, 그놈의 비전이 도대체 뭐라고, 영혼을 팔아 어렵사리 들어간 회사에서 퇴사까지 하는 걸까요?

비전은 사람마다 다릅니다. 드라마 〈삼식이 삼촌〉의 주인공 송강호가 이루고 싶었던 비전은 '전쟁 중에도 하루 세끼를 챙겨 먹는다'였습니다. 가난했던 시대가 빚어낸 소박한 바람입니다. 영화 〈라라랜드〉의 주인공 엠마 스톤과 라이언 고슬링의 비전은 '재능을 세상에 펼치고 싶다'였습니다. 두 남녀 주인공의 엇갈린 사랑과 예술에 대한 열망을 지켜보는 내내, 제 안에서도 뭔가 끓어오르는 걸 느꼈었죠.

그런데 이런 개인의 비전이 기업 단위로 커지면 그 무게는 완전히 달라집니다. 이제부터는 혼자가 아니라, 구성원 전체가 함께 계획하고 실천하는 조직 전체의 사명이자 공식선언이 되는 거죠.

예를 들면 '10년 안에 인간을 달에 보내고 지구로 안전하게 귀환시키겠다'라는 케네디 대통령의 우주항공 비전, '아이 해브 어 드림(I have a dream)'으로 시작되는 마틴 루터 킹의 인종평등 비전, 그리고 '우리의 고향, 지구를 되살리기 위해 사업을 이용하겠다'라는 파타고니아의 환경보호 비전 등이 있습니다. 듣기만 해도 가슴이 웅장해지네요.

비전은
눈에 보여야(SEE) 한다

이런 위대한 비전들은 '그냥 멋있는 말로 대충 포장'한 것이 아닙니다. 분명한 원칙을 지켜 작성된 글입니다. 저는 비전 작성의 원칙을 '눈에 보이게' 쓴다는 의미를 담아 'SEE 원칙'이라고 부릅니다. Short(짧게), Easy(쉽게), Exact(정확하게)의 줄임말입니다.

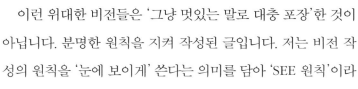

짧게   쉽게   정확하게

첫째, 비전선언문은 짧게Short 쓸수록 강력해집니다. 핵심에 집중하지 못하고 말이 길어지면 직원들이 제대로 읽기도 전에 지칩니다. 처음부터 짧게 쓰는 게 어렵다면 일단 쓰고 나중에 불필요한 부분을 쳐내세요. 없어도 되는 걸 지워 나가다 보면 남겨야 하는 게 생각보다 얼마 없어서 놀랄 수도 있습니다. 어느 연구에 따르면, 비전선언문은 영어로 최대 35단어가 적당하고 한글로는 25자를 넘지 않을 때 내용이 가장 명확하게 전달되고 기억하기도 쉽다고 합니다.

둘째, 쉽게Easy 써야 합니다. 쉽게 쓰려면 주어, 서술어, 목적어 등의 호응을 정확히 따지고, 복잡한 개념은 직관적으로 풀어내야 합니다. 특정 부서만의 전문용어를 남발해서도 안 되고요. 직원의 눈높이를 최우선으로 생각하면서 가장 궁금한 핵심만 찔러야 합니다. 예를 들면 아마존의 비전선언문은 '우리는 고객에게 최고의 품질과 서비스를 제공하며, 신뢰와 혁신을 통해 미래를 개척한다'입니다.

셋째, 정확하게Exact 써야 합니다. 비전은 방향성을 명확히 제시하는 문서이기 때문에, 고객·협력사·주주 등 여러 이해관계자들이 똑같은 의미로 이해할 수 있어야 합니다. 복잡한 함축이나 상징, 그리고 문화적으로 여러 의미를 지닌 단어 사용은 피해야 합니다. 직급이나 직무, 분야에 따라 해석이 달라지거나 의미 파악이 모호해서도 안 됩니다.

회사에서 쓰는 모든 글이 다 그렇지만, 특히 비전은 '짧게Short, 쉽게Easy, 정확하게Exact' 써야 합니다. 그래야 비전이 취임사, 신년사, 창립기념사, 그리고 보도자료와 같은 모든 대내외 공식문서에 자연스럽게 스며들 수 있습니다.

'스피치라이터가 왜 비전까지 쓰나?' 하고 의아하실 수 있겠지만 '글쓰는 월급쟁이'라는 특성상 저는 시키면 뭐든 잘 써내야 하는 처지입니다. 그러다 보니 회사 필요에 따라 업무범위가 제멋대로 넓어지곤 했는데, 지나고 보니 새로운 글쓰기 경험이었다는 생각이 듭니다.

챗GPT를 활용한 비전 작성법

만약 여러분이 기획실, 홍보실, 비서실, 정책조정실, 혹은 비전TF의 구성원이라면 제가 설명드린 글쓰기 작업을 맡을 일이 분명 있을 겁니다. 10년 전만 해도 이런 작업을 몇십 억씩 들여 외부에 몽땅 맡겨야 했지만, 앞으로는 SEE라는 글쓰기 원칙을 정확히 아는 똑똑한 담당자 한두 명과 챗GPT만 있으면 얼마든지 초안 작업이 가능합니다.

(역할/지시)

너는 기업 비전 컨설턴트야. 다음의 3개 프롬프트를 단계별로 적용해서 비전을 작성해 줘. 모든 과정에서 중복을 최소화하고, 명확하고 일관된 비전 구조를 완성해 줘.

1. 거꾸로 질문형 프롬프트

인공지능이 먼저 묻고, 사용자가 대답을 할 거야. 사용자의 답변을 분석하여 다음 질문으로 계속 넘어가 줘.

(1) 우리가 없으면 세상은 어떻게 되나요?

(2) 현재 회사의 주력 제품/서비스는 무엇인가요?

(3) 우리 회사만의 차별화된 강점은 무엇인가요?

(4) 우리가 추구해 온, 혹은 추구해야 할 가치는 무엇인가요?

(5) 우리는 사회에 어떤 영향을 미치고 싶나요?

2. 중요도 파악형 프롬프트

앞의 답변 중 의미상 반복되고 일관되는 핵심단어를 나열 및 분류하고, 중요도 순으로 핵심키워드를 정리해 줘. 창업부터 현재까지의 핵심성과를 시간순으로 정리하고, 앞으로 10년 단위로 100년까지 나아가야 하는 모습을 시대적 10대 트렌드에 맞춰 재무적·사회적·마케팅적 관점에서 분석 및 도출해 줘.

3. SVC 구조형 프롬프트

앞 단계에서 정리된 키워드를 활용해 SVC(Slogan, Core Value, Core

Competence) 구조로 비전을 설계해 줘.

(1) 슬로건(Slogan)

한글 및 영문 이니셜 병행, 기억하기 쉽고 영감을 주는 문구

(2) 핵심가치(Core Value)

과거와 현재에서 도출된 가치, 조직의 의사결정 원칙

(3) 핵심역량(Core Competence)

현재의 차별화된 강점, 미래에 필요한 역량

지금까지 기업의 비전을 작성하는 방법을 이야기했지만, 사실 제가 여러분과 함께 써보고 싶은 것은 '직장인의 비전'입니다. '5년 후 내가 되고 싶은 모습'을 구체적으로 그리지 않으면 직장이라는 망망대해를 그저 떠도는 것밖에 안 되거든요.

이리저리 흘러가지 않고 내 팔과 어깨로 자유롭게 헤엄쳐 가려면 SEE 원칙을 기억하세요. 그리고 회사가 아닌 '오로지 나만의 비전'을 작성해 보세요. 제 비전 슬로건은 '글쓰는 여행자'입니다. 새로운 세상을 여행하듯 모든 것에 호기심을 가지겠다는 뜻입니다. 또한 저의 핵심역량은 '비즈니스 라이팅'입니다. 글쓰기의 가능성을 계속 넓혀가고 싶습니다. 여러분의 비전은 무엇인가요?

리뷰와 칼럼

플랜B를 만드는
회사 밖의 글쓰기

리뷰Review는 '다시보기' 하는 글입니다. 새로운 걸 쓰기보다는 남들이 찾지 못한 내용이나 관점을 자기 방식대로 재발견하거나, 이미 있었지만 잘못 알고 있던 사실을 시대에 맞게 재해석하는 게 핵심입니다. 영화, 뮤지컬, 드라마, 음악, 만화, 책과 같은 일반교양과 문화예술부터 여행, 요리, 그리고 상품과 서비스까지 광범위하고 말랑말랑하게 다루죠.

칼럼Column은 리뷰와 비슷하지만 그 결이나 무게가 조금 다릅니다. '기둥'을 뜻하는 라틴어 콜룸나Columna에서 유래했는데, 우리말로는 '톺아보기'라고 할 수 있습니다. '톺다'는 '차근차근

살피며 구석구석 더듬어 뒤지다'라는 뜻입니다. 리뷰와 달리 정치, 경제, 외교, 교육, 국방 등 기둥처럼 굵직한 사회현상을 그 분야 전문가들이 심도 깊게 분석적으로 다루죠.

　리뷰든 칼럼이든 자신에게 맞는 하나를 골라 블로그, 링크드인, 브런치에 꼭 써보라고 여러분께 권하고 싶습니다. 불특정 다수에게 보여주는 글을 정기적으로 쓰는 것만큼 글쓰기 근육을 키우는 일은 없거든요. 우리 주변이나 특정 분야에서 소재를 찾아내고, 사실과 의견·생각을 구분한 다음, 그걸 글로 옮기는 과정에서 글쓰기 실력이 수직상승합니다. 여기까지 읽었으면 이제는 저를 믿으셔도 됩니다.

리뷰와 칼럼을
꾸준히 쓰면 생기는 일

　리뷰와 칼럼을 꾸준히 쓰다 보면 안테나가 한쪽 방향으로 서서히 좁혀지는 걸 느낄 수 있습니다. 그게 일과 관련된 내용이어도 좋고, 숨겨 두었던 취미, 혹은 나만 아는 오래된 맛집에 대한 글이어도 환영합니다. 리뷰나 칼럼에는 글을 쓰는 사람의 입장이나 생각·개성이 보고서나 회의록보다 훨씬 더 많이 들어갑니다.

대학 졸업부터 줄곧 월급쟁이였던 제가 시간을 쪼개 6권의 책을 쓸 수 있었던 비결은 '리뷰와 칼럼 쓰기'에 있습니다. 저는 틈날 때마다 글을 써서 여러 온라인 플랫폼에 주기적으로 글을 올립니다. 한 곳에만 글을 올리지 않는 이유는 플랫폼마다 독자 성향이 완전히 다르기 때문이죠.

2005년 싸이월드와 블로그에 올렸던 유럽 자전거 여행은 2008년 《바이시클 다이어리》로 나왔고, 브런치에 꾸준히 써온 비즈니스 라이팅 칼럼은 《회사에서 글을 씁니다》라는 제목의 책으로 2020년 출간했습니다. 밀리의 서재에 끼적이던 코로나 시대 주식 폭망기는 《내일은 오를 거야, 제발》이라는 이름의 장편소설로 2023년 출판했고, 창작의 날씨에 올리는 《사무실의 금쪽이들》은 분량이 모이면 단편소설 공모전에 도전해 볼 생각입니다.

그러니까 제가 장담합니다. 요일을 정해서 리뷰나 칼럼을 쓰고, 그걸 어디든 용감하게 올려 보세요. 분명 귀찮기도 하고 악플이 두렵기도 할 겁니다. 하지만 일단 3개월만 꾹 참고 써보면 맷집이 느는 걸 느낄 수 있습니다. 어깨와 허벅지에 힘이 들어가듯, 조금씩 글쓰기에 자신감과 재미가 붙고 끝까지 써볼 용기가 생깁니다.

리뷰의 법칙,
세심한 CARE+E 구조

CARE+E 구조는 좋은 리뷰를 쓰는 기본 틀이 되어 줍니다.

첫째, Curiosity. 주변의 책, 음악, 드라마, 여행, 그리고 상품들에 '호기심'을 가져야 합니다. 영화 〈오펜하이머〉를 보면서 "감독은 왜 흑백과 컬러를 혼용했을까?"라고 물어보고, 인터넷 뱅킹을 하다가도 문득 "토스는 은행인데, 왜 책을 출판할까?"와 같은 질문을 습관적으로 해야 합니다.

둘째, Actual Experience. 상상만 하지 말고 '직접 경험'해 봐야 합니다. 실제로 먹어보고 입어보고 걸어보고 사용해 봐야 리뷰를 잘 쓸 수 있습니다. 새로운 스마트워치를 리뷰한다면, 실제로 1주일 정도 착용해 보며 배터리 지속시간, 심박수 측정의 정확도, 일상생활 편의성 등을 체크해 보세요. 남들이 궁금해할 만한 걸 대신해 주는 게 리뷰의 본질입니다.

셋째, Recording. 경험하면서 떠오르는 자기 생각을 최대한 많이 '기록'해 놓아야 리뷰가 풍성해집니다. 아무리 생생했던 느낌들도 나중엔 그 절반도 기억이 안 나거든요. 맛집 리뷰를 쓴다면 음식이 나오는 순간의 첫인상, 맛의 변화, 분위기, 서비스 등 모든 것을 꼼꼼하게 메모해 두세요.

넷째, Editing. 내 기준대로 '요약'을 잘해야 합니다. 이때 요약은 단순한 압축이 아닙니다. 자신만의 원칙과 분량을 정해 놓고 독자를 상상하면서 재구성하는 게 요약입니다. 리뷰는 요약만 잘해도 절반은 먹고 들어갑니다.

마지막으로 또 하나의 E는 Expression. 나만의 '감정'과 '색깔'을 좀 더 보여줘도 괜찮습니다. 예를 들면 소설가 김중혁의 리뷰는 무지개처럼 기발하고, 에세이스트 이슬아의 리뷰는 보라색처럼 진솔하고, 건축가 유현준의 리뷰는 파란색처럼 공간에 대한 애정과 통찰력이 묻어 있습니다.

칼럼의 법칙, 불꽃이 튀는 SPARK

칼럼을 쉽고 빠르게, 그리고 제대로 작성하려면 SPARK라는 체계적인 구조를 사용해 보세요. 불꽃이 튀는 것처럼 주목도 높은 이야기를 만들 수 있습니다.

첫째, Subject. 칼럼은 리뷰와 달라서 '주제'가 명확하고 구체적이어야 합니다. 관찰자 입장에서 한 번 둘러본다는 생각을 가지고 쓰면 망합니다. '인공지능과 에너지산업'이라는 광범위한 주제나 제목보다는 '전기 먹는 하마 데이터센터, 전력산업 이상 없나?'와 같이 구체적으로 좁히는 게 좋습니다.

둘째, Perspective. 나만의 독특하고 신선한 '관점'을 제시해야 합니다. '팬데믹 이후의 재택근무'라는 주제라면 '재택근무는 업무 효율성을 높인다'라는 흔한 이야기 대신 '재택근무가 아파트값을 바꾼다'와 같이 새로운 시각을 제시해야 주목을 받습니다.

셋째, Argument. 칼럼에는 사람들이 궁금해하는 '논쟁적 이슈'가 담겨야 하고, 자신의 주장을 뒷받침하는 예시와 근거가 반드시 있어야 합니다. '청년 주거문제 해결을 위해 셰어하우스 정책이 필요하다'라는 이야기를 하려면 실제 셰어하우스 거주 경험자의 인터뷰나 해외 성공사례 등 구체적 근거를 제시해야 합니다.

넷째, Reflection. 칼럼에는 전문가적 '통찰'이 담겨 있어야 합니다. 독자들이 다 읽고 나서 뭔가 한 방 맞은 듯한 깨달음이 있어야 합니다. 예를 들면 '단점을 보는 것은 본능이고, 장점을 보는 것은 지능이다'와 같은 매력적인 문장이 어딘가 있어야 하죠.

다섯째, Kick the Message. 어느 쪽으로든 '결론'을 확실하게 찔러줘야 한다는 뜻입니다. '이것도 맞고, 저것도 맞다'라고 안전하게 쓰면 심심합니다. 차라리 '이게 분명히 맞다'라고 확 지르는 게 더 좋은 칼럼입니다. 성급한 결론이 다소 부담된다면 '지나친 단순화이긴 하지만' '조금 과장하자면' '아직까지는' 이런 식으로 빠져나갈 구멍을 미리 만들어 놓으세요. 살다 보니 100% 영원히 옳은 주장은 거의 없더라고요.

챗GPT를 활용한
리뷰와 칼럼 작성법

챗GPT를 활용해 리뷰와 칼럼을 쓰는 준비는 아주 간단합니다. 여러분이 가장 자신 있거나 흥미로운 주제를 정한 다음, 프롬프트에서 [   ]를 채우면 됩니다. 단순하게 '화장품 리뷰를 써 줘'라거나 '에너지산업의 문제점에 대한 칼럼을 써 줘'라고 요청할 때와는 완전히 다른 결과가 나옵니다.

[주목도 있는 칼럼을 쓰는 프롬프트]

1. 역할 및 맥락 설정 프롬프트
너는 [기업 혁신 및 인공지능(AI) 자동화] 분야의 전문가야. 최근 [업무 자동화가 급속도로 진행되는] 상황에서 직장인들이 [AI 시대에도 경쟁력을 유지할 수 있도록] 칼럼을 작성하고 있어. 글의 목적은 AI가 업무를 대체하는 시대에 직장인들이 자신의 성과를 어떻게 차별화할 수 있을지에 대한 실질적 대응전략을 제시하는 거야.

2. 분석 프롬프트 (자료 조사)
1) [생성형 AI가 가져온 긍정과 부정 이슈]에 대한 최근 3개월 뉴스를 분석해 줘. 지금은 [2025년 4월]이야. 사회, 문화, 경제 등 최소 3개 이

상 측면의 주요 기사를 도표로 요약하고, 사람들의 주요 관심사와 최근 1년간의 이슈와 여론의 흐름에서 사회, 문화, 경제 분야의 인사이트를 제시해 줘.

2) 가장 극명하게 입장이 다른 2개의 칼럼 혹은 기사를 찾고, 이 주제에 대해 어떤 방향으로 칼럼을 쓰면 독자의 관심을 더 많이 얻을지 판단해서 제시해 줘. 단, 둘 다 틀리거나 둘 다 맞다는 주장은 지양하고, 어느 한쪽이 옳다는 것을 주장해 줘.

3. 구조화 프롬프트 (글 구조 설계 및 작성)

분석을 통해 얻은 내용을 바탕으로 (기-승-전-결) 혹은 (도입-전개-주장-근거-예시-핵심메시지) 구조에 맞춰 개요를 작성해 줘. 이때 도입부는 항상 최신 이슈를 반영해 줘.

4. 원고 작성

개요를 바탕으로 1,300자 초안을 작성해 줘. 문체는 편안하면서도 전문적인 말투를 유지하고, 종결어미는 (~다)를 적용해 줘. 중언부언하지 말고, 간결명료한 논리를 강조해 줘.

5. 검토 및 개선 프롬프트 (퇴고)

작성된 글을 검토하고 다음 사항을 확인해 줘.

(1) 목표 독자에게 적합한가?

(2) 글의 목적을 달성하는가?

(3) 논리적 일관성이 있는가?

(4) 새로운 통찰을 제공하는가?

(5) 문체와 톤이 적절한가?

최근 생성형 AI 기술의 급격한 발전은 사회, 문화, 경제 등 다양한 분야에서 긍정적 영향과 함께 여러 우려를 동시에 불러일으키고 있습니다.

분야	긍정적 이슈	부정적 이슈
사회	AI 기술의 보편화	개인정보 보호 우려
문화	콘텐츠 생성의 혁신	창작자의 권리 침해
경제	산업 혁신과 생산성 향상	일자리 감소 우려

최근 1년간의 이슈와 여론의 흐름을 살펴보면, 생성형 AI의 도입이 가속화되면서 기술 혁신과 편의성 증대에 대한 기대감이 높아지고 있습니다. 그러나 동시에 개인정보 보호, 저작권 침해, 일자리 감소 등 부정적 영향에 대한 우려도 함께 증폭되고 있습니다. 특히 딥시크와 같은 새로운 AI 모델의 등장으로 이러한 논의는 더욱 활발해지고 있습니다. 이러한 맥락에서, 생성형 AI의 영향에 대한 상반된 견해를 담은 두 개의 칼럼을 소개합니다.

긍정	생성형 AI, 산업 혁신의 촉매제
부정	AI의 그늘 : 일자리와 개인정보의 위협

독자의 관심을 끌기 위해서는 상반된 시각을 균형 있게 다루되, 현실적인 대응방안을 제시하는 칼럼이 효과적입니다. 특히 AI 시대에도 경쟁력을 유지하기 위한 직장인들의 전략과 준비 방법을 구체적으로 제안하는 방향이 바람직합니다.

칼럼 개요

1. 도입 : 생성형 AI의 급격한 발전과 일상생활 및 업무 환경의 변화
2. 전개 : AI 기술의 긍정적 영향과 부정적 이슈 분석
3. 주장 : AI 시대의 경쟁력 유지를 위한 개인 노력과 전략의 중요성
4. 근거 : 성공사례와 전문가 의견을 통한 실질적 대응 방안 제시
5. 예시 : AI 활용능력 개발, 지속학습, 창의적 역량 강화
6. 핵심메시지 : 빠른 준비와 노력이 미래 경쟁력 좌우

칼럼 초안

최근 생성형 AI 기술의 비약적인 발전은 우리의 일상과 업무환경에 큰 변화를 가져오고 있습니다. 챗GPT와 딥시크 같은 AI 모델은 정보 탐색부터 콘텐츠 생성까지 다양한 분야에서 활용되며, 새로운 가능성을 열어주고 있습니다. 그러나 이러한 기술 혁신의 이면에는 개인정보 보호, 저작권 침해, 일자리 감소 등의 우려도 함께 존재합니다.

특히 AI의 자동화로 인해 일부 직무가 대체되면서 고용 불안정성이 증가하고 있습니다. 이러한 상황에서 직장인들이 AI 시대에도 경쟁력을 유지하기 위해서는 어떤 노력이 필요할까요?

첫째, AI 활용능력의 개발이 중요합니다. AI 도구와 플랫폼을 효과적으로 활용할 수 있는 역량을 갖추면 업무 효율성을 높이고 새로운 기회를 창출할 수 있습니다. 예를 들어 챗GPT를 활용한 문서 작성이나 데이터 분석은 이미 많은 기업에서 도입되고 있습니다.

둘째, 지속적인 학습과 역량 강화가 필요합니다. AI 기술은 빠르게 발전하고 있으므로, 최신 동향을 파악하고 관련 스킬을 습득하는 것이 중요합니다. 온라인 강의나 세미나를 통해 새로운 지식을 지속적으로 습득하는 노력이 필요합니다.

셋째, 창의적이고 비판적인 사고능력의 배양이 요구됩니다. AI가 반복적이고 규칙적인 업무를 대체하는 반면, 인간만이 발휘할 수 있는 창의성과 문제해결 능력은 여전히 중요한 가치로 남아 있습니다.

글쓰기를 요리에 비유한다면, 재료 손질과 간 보기 과정을 챗GPT가 훌륭하게 대신해 줄 수 있습니다. 그러니 용기를 내서 리뷰와 칼럼을 3개월만 꾸준히 써보세요. 글쓰기 실력이 몰라보게 좋아집니다. 1년 후에는 책을 쓰거나 강의를 할 수 있고, 플랜B가 현실이 되어 있을지도 모릅니다.

AI를 뛰어넘는
진짜 고수의
글쓰기 비법

컴퓨터로 글을 쓰는 이들은
글쓰기의 본질이 고쳐쓰기라는 사실을 알지 못한다.
글을 막힘없이 술술 써낸다고 해서
글을 잘 쓰는 것은 아니다.
… (중략) …
자기 자신을 팔자.
그러면 자신만의 주제가 호소력을 발휘할 것이다.
자기 자신과 자기 생각을 믿자.
글쓰기는 자아의 행위다.
자아를 인정하고
그 에너지를 활용해 앞으로 나아가자.

- 윌리엄 진서, 《글쓰기, 생각쓰기》

경험, 개성, 맥락

챗GPT가
절대 못 쓰는 걸 써라

1990년대 초반만 해도 글쓰기는 소수 엘리트들의 사치스러운 전유물이었습니다. 자료 수집, 정리, 집필의 모든 과정을 사람이 해야 했는데, 그게 시작부터 쉽지 않습니다. 리포트 하나를 쓸 때도 도서관에서 참고문헌을 쌓아놓고 한참을 뒤져야 했던 시절이 분명 있었습니다. 회사에서는 보고서를 완성하기까지 수없이 많은 시행착오를 거쳐야 했고요. 그 시절의 글쓰기는 지적활동보다는 차라리 고된 육체노동에 가까웠습니다.

1990년대 후반에 네이버와 구글 같은 검색엔진이 대거 등장하면서 정보의 접근성이 혁명적으로 높아졌습니다. 키워드 몇 개만 입력하면 방대한 자료가 손끝에 쌓입니다. 이때부터 글쓰기는 단순히 '자료를 찾는 일'이 아니라, 자료를 선별하고 조합하는 기술로 그 성격이 조금 바뀌었습니다. 다만 정보가 너무 많아 검토내용도 늘어났고, 빨라진 속도만큼 글쓰기 분량도 늘어난 부작용도 있었지만요.

그리고 지금은 챗GPT의 등장으로 글쓰기의 패러다임이 다시 달라지고 있습니다. 속도가 몇 배나 빨라진 정보검색과 수집, 정리는 기본입니다. 인간의 영역이라고 여겨졌던 논리적 배열과 문장 교열까지 인공지능이 대신해 줍니다. 이런 상황에서 사람이 할 일은 글의 주제 구상, 방향 선정, 그리고 최종검토로 줄어들었습니다.

챗GPT를 둘러싼 반응은 다양합니다. 예상외의 결과물에 만족하고 깜짝 놀란 사람들은 '이제 인간은 바보가 되는 것 아니냐?'라고 걱정합니다. 마치 구세주라도 만난 듯 여기는 열혈 신도들은 '이제 인간은 글쓰기에서 해방된 것 아니냐?'라며 환호합니다. 챗GPT를 그저 '전기 먹는 하마'쯤으로 평가절하하는 냉소적인 사람들은 인공지능을 진지하게 배워보려 하지 않습니다.

이들의 반응은 다 맞기도 하고, 다 틀리기도 합니다. 챗GPT

업무시간을 반으로 줄이는 챗GPT 글쓰기

는 신도 아니고, 장난감도 아닙니다. 인간을 대신할 새로운 존재도 아닙니다. 사람들이 해오던 여러 가지 업무와 글쓰기를 도울 수 있는 좋은 파트너이자 도구일 뿐입니다. 그래서 앞으로의 글쓰기는 챗GPT와 사람이 각자의 강점을 살려 협력하는 방향으로 나아갈 것이 분명합니다. 아니, 그렇게 해야 글을 잘 쓸 수 있습니다.

챗GPT를 이기는
글쓰기 비법

그렇다면 생성형 AI 시대에 남들보다 좋은 글을 쓰려면 어떻게 해야 할까요?

첫째, 글에 자신만의 '경험과 통찰'을 진솔하게 담아야 합니다. 앞으로는 단순히 자료를 나열하고 문장을 조합하는 것에 그쳐서는 안 됩니다. 그건 챗GPT가 가장 잘하는 일이니까요. 하지만 생성형 AI가 아무리 빨리 정보를 처리한다고 해도, 인간처럼 스스로 무언가를 경험할 수는 없습니다.

팀 관리에 대해 글을 쓴다면 단순히 '소통과 신뢰가 중요하다'는 뻔한 내용을 교과서처럼 쓰는 것보다, 팀원과의 갈등을 해결했던 자신만의 구체적 경험을 녹여내야 합니다. 그래야 상사의 공감을 이끌어 낼 수 있습니다.

둘째, 자신만의 '개성과 관점'을 반영해야 합니다. 가끔씩 인공지능이 만든 글이 뭔가 밋밋하고, 어디선가 본 것처럼 느껴지는 이유는 '맞는 말이지만 쓸데없는True But Useless' 소리로 가득 차 있기 때문입니다.

인공지능의 글쓰기와 차별화하려면 사람만이 가질 수 있는 독특한 색깔과 목소리를 글에 담아야 합니다. 독자는 구글을 뒤져 언제든 찾을 수 있는 정보, 챗GPT가 1초 만에 쏟아내는 글에는 관심을 주지 않습니다.

셋째, 글의 정보가 아닌 '맥락'을 설계해야 합니다. 챗GPT가 독립된 개별 문장들을 제법 그럴듯하게 쓰는 것처럼 보이지만, 사실 그것들은 모두 통계적으로 연결 가능성이 높은 단어, 문장, 문단을 기계적으로 연결했을 뿐입니다. 행간에 숨겨진 의도는 사람보다 잘 알지도 못하면서요.

맥락 설계는 독자가 글을 읽으며 자연스럽게 핵심메시지에

도달할 수 있도록 글의 순서와 흐름을 조율하는 작업입니다. 단순히 논리적으로 맞는 문장들을 나열하는 것이 아니라, 독자가 글을 읽으며 '왜 이 이야기가 중요한지' 자연스럽게 이해할 수 있도록 구조를 잡는 것이 핵심입니다.

인공지능이 잘하는 건 인공지능이 잘하도록 놔두면 됩니다. 그 대신 사람은 '경험, 개성, 맥락'을 적극 활용해 글에서 열정과 진심이 느껴지도록 써야 합니다. 여기서 사람과 챗GPT의 글쓰기 진검승부가 갈립니다.

매일, 그리고 매일

원펀맨에게 배우는
글쓰기의 기초

일본 만화《원펀맨》의 주인공 사이타마는 단 한 방의 펀치로 어떤 적도 쓰러뜨리는 우주 최강의 힘을 가지고 있습니다. 요괴가 넘쳐나는 세상에서 히어로Hero를 취미로 하다가 강해졌는데, 놀랄 만한 힘을 얻은 대신 대머리가 됐습니다. 얼마나 강한지 아무리 강한 요괴도 진심을 담은 주먹 '한 방'이면 끝입니다. 두 번 때릴 필요가 없다고 해서 '원펀(치)맨'입니다.

복수를 위해 인간의 몸을 버리고 스스로 사이보그가 된 제자 제노스가 "선생님처럼 강해질 수 있는 방법이 뭐냐?"라고 묻습니다. 그러자 원펀맨이 "팔굽혀펴기 100회, 스쿼트 100회, 그리고 달리기 10km를 3년 동안 매일 하는 것"이라고 대답합니다. 비법을 숨기고 있다고 생각한 제자가 "그런 유치한 것들로 이렇게까지 강해질 수 있는 거냐?"라며 따지듯 되묻자, 원펀맨이 진지한 표정을 지으며 말합니다.

"3년 동안 하루도 빠지지 않고 뭔가를 계속하는 건 네 생각처럼 쉬운 일이 아냐. 자신이 원하는 일의 기초를 쌓고 한 가지 일을 꾸준하게 하는 것만큼 중요하고 확실한 방법은 없어."

주변 분들이 저에게 "어떻게 하면 회사에서 글을 빨리 잘 쓸 수 있냐?"라고 가끔 묻습니다. "챗GPT가 10초 만에 수천 자 글을 쏟아내는데 내가 글을 잘 쓰려고 굳이 애쓸 필요가 있겠냐?"라고 볼멘소리를 하는 분도 있습니다. 심지어 글쓰기를 배우고 익히는 대신에 '프롬프트 엔지니어링'을 배우면 되지 않느냐고 물어보는 분도 여럿 있습니다. 그럴 때마다 저는 원펀맨의 명대사를 곱씹곤 합니다. "기초를 다지고 꾸준하게 하는 것만큼 중요하고 확실한 방법은 없다"라고 말이죠.

분명하게 말씀드리지만 생성형 AI가 발전할수록 직장인의 글쓰기 실력은 역설적으로 점점 더 중요해집니다. 챗GPT가 방대한 데이터를 순식간에 뒤지고 조합해서 초안을 빨리 작성할 수는 있지만, 그것들은 결국 다른 사람들이 이미 말한 것에 대한 통계적 평균일 뿐입니다. 챗GPT가 1분 만에 쓴 글이 얼핏 신선해 보여도 조금만 들여다보면 단조롭고 시시한 건 그 때문입니다.

글쓰기 실력을 높이는
3가지 기초훈련

이럴 때 중요한 게 바로 '기초'의 힘입니다. 원펀맨이 '특별한 비법' 없이도 단순한 훈련을 꾸준히 반복하며 압도적인 힘을 얻은 것처럼, 글쓰기 실력의 향상도 단순한 원칙을 꾸준히 실천하는 것에서 나옵니다. 저 역시 회사 안팎에서 글쓰기 기초를 다지기 위해 10년 넘게 3가지를 매일 실천하고 있습니다.

첫째, 항상 읽습니다. '에너지, 탄소중립, 무탄소' 등 정해진 키워드를 미리 설정해 둔 구글알리미와 카카오톡 뉴스로 받아 읽으며, 메모장에 주요내용을 요약합니다. 요약만 하는 게 아니라 카카오 브런치에 〈에너지 읽어주는 남자〉라는 이름으로 뉴스브리핑을 올립니다. 제 브런치의 총 구독자는 800명 남짓한 소박한 숫자입니다. 하지만 어딘가 나를 기다려 주는 사람이 있다는 생각에 하루만 업데이트를 빼먹어도 휴지 없이 화장실에 간 것처럼 조바심이 납니다.

단순한 뉴스기사뿐만 아니라 연구기관˙이 제공하는 심층적인 자료도 꾸준히 살펴봅니다. 현대경제연구원, LG경제연구원, 포스코경영연구원, KB경영연구소, 삼성글로벌리서치 등 믿을 수 있는 민간연구기관과 에너지정책연구원, 대외경제정책연구원, 한국개발연구원 등 신뢰할 수 있는 공공연구기관의 보고서를 일부러 챙겨봅니다.

둘째, 매일 씁니다. 스피치라이터라는 직업적 특성 때문에 출근해서 매일 글을 쓰지만, 퇴근해서도 이것저것 꾸준히 씁니다. 막연히 쓰는 게 아니라, 전혀 관계가 없어 보이는 것들을 창의적으로 연결해 보는 실험을 합니다. 고종황제와 전기, 흑백요리사와 탄소중립, 드라마 〈미스터 선샤인〉과 에디슨, 첫사랑과 태양광, 그리고 만화《원펀맨》과 글쓰기처럼 얼핏 전혀 달라 보이는 두세 가지 사실이나 에피소드를 하나의 이야기로 통합해 써 보는 거죠.

그런 요상한 것들을 즐기다 보니 이 세상을 호기심 많은 '글쓰는 여행자'의 눈으로 관찰하게 됐습니다. '도무지 쓸 게 없다'라고 한탄하시는 분들이 많은데, 저는 이것저것 섞어 보면서 새로운 소재를 계속 찾아냅니다. 그 덕분에 지겹게도 반복되는 어제와 오늘이 조금도 같지 않고, 일란성 쌍둥이도 사실은 전혀 다른 사람이라는 당연한 사실을 알게 됐습니다. 일단 이걸 깨닫고 나자 쓸 이야기가 주변에 넘쳐나더라고요.

셋째, 계속 질문합니다. '이 기사가 지금 왜 나왔을까?' '어떤 관점에서 썼을까?' '무엇이 생략되었을까?'를 고민합니다. AI가 작성한 초안을 검토할 때도 '이 문장이 정확한가?' '더 나은 표현은 없을까?' '독자에게 어떤 가치를 줄 수 있을까?'라고 끊임없이 묻습니다. 저는 예전부터 질문이 많아 '연쇄질문마'라는 별명까지 얻었는데, AI에게는 마음 놓고 물어볼 수 있어 좋습니다.

다행스럽게도 앞으로의 AI 시대에는 호기심을 갖는 것, 그리고 집요하게 질문하는 역량이 더욱 중요해집니다. AI가 답을 제시할 수는 있지만, 의미 있는 질문을 만들어 내지는 못하기 때문입니다. 단순히 정보를 수집하고 재조합하는 것을 넘어, 그 속에서 새로운 의미를 발견하고 창조하는 것이야말로 AI와 차별화되는 인간 글쓰기의 핵심입니다.

이러한 글쓰기 기초훈련이 차곡차곡 쌓이면 놀라운 변화가 찾아옵니다. AI가 만든 초안을 더 날카롭게 다듬고, 복잡한 상황을 명확하게 정리하며, 독자의 마음을 움직이는 문장을 만들어 낼 수 있습니다. 같은 망치와 톱을 갖고도 숙련된 목수와 초보 목수가 짓는 집이 전혀 다르듯, 같은 챗GPT를 사용해도 최종 결과물의 깊이와 설득력에는 큰 차이가 납니다. AI시대의 글쓰기 실력은 '프롬프트 엔지니어링 기술'이 아니라 '글쓰기의 기초를 얼마나 탄탄하게 다져왔느냐'에 달려 있습니다.

글쓰기에는
'3때'가 있다

"아직 때가 안 돼서"

"때를 잘 맞춰야 해!"

"때를 기다릴 줄도 알아야지!"

일상에서 흔히 하는 이런 표현에는 '타이밍'의 중요성이 잘 나타나 있습니다. 똑같은 일도 때에 따라 결과가 전혀 다를 수 있다는, 전략적이고 경험적인 분석이 깔려 있죠.

역사 속에서도 '타이밍'이 승패를 가른 순간들이 많습니다. 1950년 인천상륙작전 당시, 맥아더 장군은 어떤 것보다도 작전

시각을 가장 중요한 성공요소로 선택했습니다. 인천 앞바다가 9~10m라는 세계 최대의 조수간만의 차를 보이기 때문에 음력 보름(9월 15일) 오전 6시 30분과 오후 5시 30분의 만조(밀물) 때만 대형함정이 상륙할 수 있다는 사실을 노린 것입니다. 이 절묘한 타이밍을 잡지 못했으면 작전은 실패했을 겁니다.

수많은 전쟁의 역사를 결정지은 이러한 '타이밍'은 회사에서 글을 쓸 때도 참 중요합니다. 똑같은 보고서, 제안서, 회의록, 이메일, 심지어 간단한 한 줄 메모와 카톡 메시지도 '언제 써서 언제 전달하는지'에 따라 상사의 반응이 완전히 달라지는 경우가 많습니다. 그래서 정말로 일 잘하는 직장인은 '언제 무슨 글을 써야 하고, 언제부터 준비해, 어느 시점에 전달해야 하는지'를 정확히 아는 사람입니다. 미국 포춘지가 선정한 최고의 CEO 100인을 대상으로 한 설문조사에서도 '성공적인 보고의 핵심 요소' 1위로 '타이밍'이 꼽히기도 했습니다.

성공하는 글쓰기의
3가지 타이밍

직장인 글쓰기의 타이밍은 적시성Relevance, 집중시간Focus Time,

보고시점Report Time 등 3가지 요소로 나눠 살펴볼 수 있습니다.

첫째, 적시성은 '그때그때 상사들이 궁금해하고, 회사에 꼭 필요한 주제를 잘 찾아내는' 일머리입니다. "저 친구 똘똘하네!"라고 윗분이 말해 준다면 그게 바로 '일머리'가 있다는 뜻입니다. 일머리가 좋은 사람들은 무턱대고 일하지 않습니다. 팀과 회사에서 가장 집중하는 이슈가 무엇인지를 항상 먼저 확인하고, 내가 쓴 글이 실적발표, 연례보고, 신제품 출시, 주주총회와 같은 회사의 공식 업무스케줄과 맞아떨어지는지도 살펴봅니다.

실제로 보스턴컨설팅그룹BCG의 조사에 따르면, 시의적절한 주제의 보고서는 평균보다 2배 이상 오래 검토되고 실행으로 이어질 확률도 그만큼 높다고 합니다. 구글의 전 CEO 에릭 슈미트는 "적절한 타이밍은 그 자체가 곧 설득력이다"라고 말합니다.

둘째, 집중시간은 '글을 완성하는 몰입의 힘'입니다. 아무리 좋은 아이디어라고 해도 충분한 시간을 들여 분석하고, 검토하고, 편집하지 않으면 가치가 절반 이하로 뚝 떨어지고 맙니다. 생산성 전문가인 칼 뉴포트도 자신의 책《딥 워크Deep Work》에서 "글쓰기를 비롯한 깊이 있는 작업을 하기 위해선 방해 없는 '최소한 90분'의 연속시간이 꼭 필요하다"라고 강조합니다.

저는 회사에서 여러 가지 글을 동시에 써야 할 때 빌게이츠가 활용했다는 '시간 쪼개기Time Blocking' 방법을 활용합니다. 오전 10시부터 90분 동안은 '신년사'를 쓰고, 점심시간에는 신년사 작성의 고충에 대한 '브런치 에세이'를 씁니다. 그리고 상사가 신년사 내용을 검토할 때는 다시 90분 동안 '성과보고서'를 씁니다. 카카오톡, 텔레그램과 같은 메신저와 페이스북, 인스타그램 등 소셜미디어를 끊어두는 건 기본이고요.

셋째, 보고시점을 잘 선택하려면 '글의 운명을 결정짓는 동물적 감각'이 있어야 합니다. 아무리 훌륭한 내용이라고 해도 때가 안 맞으면 무용지물입니다. 조금 과장하자면 글이 상사에게 전달되는 타이밍은 주제나 내용보다 몇 배는 더 중요합니다.

맥킨지의 조사에 따르면, 월요일은 주말 동안 쌓인 업무로 바쓰기 때문에 화요일 오전 10시쯤에 상사의 집중력이 가장 높다고 합니다. 또한 금요일 오후 4시 이후 발송된 업무 이메일의 응답률은 평균보다 35% 낮다고 합니다. 그래서 아마존의 CEO 제프 베조스는 '중요한 의사결정은 항상 오전 10시에서 점심 전에 한다'라는 원칙을 지켰다고 하죠. 열심히 쓴 글이 쓰레기통으로 직행하지 않게 하려면 상사를 공략할 시간과 방치할 시간을 미리 정해둬야 합니다.

"인생은 타이밍이다!" 저는 이 말을 30대 초반까지 약간은 한심하게 생각했습니다. 어딘가 무기력하고 공허해 보였거든요. 하지만 불혹을 훌쩍 넘긴 지금은 그 말의 진짜 뜻을 알게 됐습니다. 회사의 일이라는 건 노력과 준비만으론 뭔가 부족하고, 제때를 잘 만나야 비로소 성과를 낼 수 있으니까요.

주변을 둘러보면 취업, 승진, 첫사랑, 심지어 회식 자리에서 고기를 뒤집는 일에도 다 '적정한 때'가 있습니다. 직장인의 글쓰기에도 '3때'가 있고요. 그리고 그 '결정적 순간'을 고르고 찾아내는 건 사람의 몫입니다. 글쓰기의 타이밍을 읽는 능력이야말로 생성형 AI가 따라올 수 없는 일잘러와 글잘러의 진짜 경쟁력입니다.

관찰, 구조화, 대응

스탠드업 코미디에서 찾은 직장인 글쓰기의 3법칙

'스탠드업 코미디'라고 아세요? 풀어 쓰면 '마이크 앞에 선 채로 1시간쯤 웃긴 말을 하는 공연' 정도로 해석되는데요, 영미권 문화에서 100년 넘게 진화해 온 이 공연에는 시사, 종교, 인종 등 온갖 이야기가 등장합니다. 일단 웃기기만 하면 어떤 소재든 상관없습니다.

저는 스탠드업 코미디언 중 베트남계 아줌마인 '앨리 윙'과 한국계 미국 아저씨인 '대니초'를 특히 좋아합니다. 앨리 윙은 작은 키에 뿔테 안경을 쓰고 독설, 반전, 유머, 깨달음 등을 마구 쏟아내는데, 그 기묘한 제스처와 입담이 일품입니다. 대니

초는 한국의 스탠드업 코미디를 개척한 인물인데, 아시아계 미국 이민자로서의 문화적 충격과 애환을 코믹하게 풀어냅니다.

아직 우리나라에서는 스탠드업 코미디가 조금 낯선 장르지만 유병재의 〈블랙코미디〉, 박나래의 〈농염주의보〉, 이수근의 〈눈치코치〉와 같은 콘텐츠가 속속 등장하면서 국내에서도 많은 팬을 모으고 있습니다. 홍대, 충무로, 종로3가, 강남 일대에 스탠드업 코미디 바가 계속 늘어나고 있는데, 주말엔 예약이 힘들 정도로 인기가 많다고 하죠.

스탠드업 코미디언과 글잘러의 공통점

그런데 전혀 달라 보이는 '스탠드업 코미디'와 '직장인 글쓰기'의 준비과정을 살펴보면 놀라울 정도로 비슷한 점이 많습니다.

첫 번째는 '관찰과 탐색'입니다. 코미디언들은 일상의 지루한 순간들을 예리하게 관찰하고, 거기에서 자신만의 웃음 소재를 수집합니다. 세계적인 스탠드업 코미디언 제리 사인펠드는

'코미디는 관찰의 예술'이라고 강조했습니다. 일상에서 누구나 보지만 아무도 주목하지 않는 디테일을 포착하는 것이 코미디의 핵심이라는 뜻입니다. 넷플릭스와 600억 원대 계약을 맺은 데이브 샤펠은 '거리의 일상적 대화와 사람들의 평범한 행동'이 자신의 코미디 소재 원천이라고 말합니다.

직장인의 글쓰기도 마찬가지입니다. 회사에서 글을 잘 쓰려면 회의실에서 오고 가는 대화, 업무절차의 문제점, 업계에서 수집한 시장 데이터, 상사의 심리 등을 날카롭게 포착하고, 거기에 전문가적 통찰을 더해야 합니다. 마케팅 담당자라면 고객의 구매패턴이나 소셜미디어 반응을 세심히 관찰해야 하고, 인사 담당자라면 블라인드를 샅샅이 뒤지고 직원들의 근무태도나 조직문화의 변화를 주의 깊게 살펴야 합니다. AI는 주어진 데이터를 분석하는 데에는 탁월하지만 현장의 생생한 자료를 직접 수집하진 못합니다.

두 번째는 '구조화'입니다. 스탠드업 코미디언들은 일상에서 발견한 소재들을 단순히 나열하는데 그치지 않고 하나의 이야기로 엮어서 오랫동안 뾰족하게 다듬습니다. 이런 구조화를 위해 스탠드업 코미디언들은 비트 시트Beat Sheet라는 기법을 사용한다고 합니다. 60분 넘는 긴 호흡의 공연을 작은 단위(비트)로 나누고, '도입 → 전개 → 펀치라인'으로 구성해 몰입도를 높이는 거죠. 펀치라인Punchline은 관객들의 웃음이 터져 나오길 기대하는 포인트를 가리킵니다. 사람들이 고개를 끄덕이며 받아 적었으면 하는 연설문의 사운드바이트Soundbite와 같은 개념이죠.

직장인 글쓰기도 마찬가지입니다. 정보를 단순히 나열해선 안 되고, 논리적 흐름을 따라 상사가 이해하기 쉽도록 스토리텔링해야 합니다. 스탠드업 코미디의 흐름을 따라 '문제제기(도입) → 해결책(전개) → 기대효과(펀치라인)'라는 방식으로 글을 구성하면 상사가 글의 맥락을 쉽게 이해할 수 있습니다. 물론 이때도 두괄식 구성을 염두에 두고, 문서 처음에 '개요' 또는 '요약'을 넣어 상사에게 결론부터 말해 줘야 합니다.

세 번째는 '열린 대응'과 '즉시 수정'입니다. 코미디언들은 '오픈마이크'라는 작은 무대에서 새로운 농담을 먼저 시도해 보고, 청중 반응을 살펴 내용과 톤을 유연하게 조절하면서 공연을 발전시켜 갑니다. 미국 코미디 클럽에서는 1시간짜리 농담을 완벽히 다듬으려면 무려 8년이 걸린다는 말이 있을 정도죠. 자기 스스로는 아무리 재밌다고 해도, 막상 무대에서 관객이 반감을 표현하거나 무관심하면 그 농담은 과감히 폐기하고 새로운 소재를 재빨리 다시 찾아야 합니다.

직장인도 보고서 초안을 믿을 수 있는 선후배나 동료들에게 공유해 피드백을 받고, 상사의 반응에 따라 내용과 표현을 신속히 보완해야 합니다. '전략은 좋은데 근거가 부족하다'라는 피드백을 받으면 통계를 삽입하거나 설득력 높은 사례를 보강해야 합니다. 독자가 누구냐에 따라 표현방식을 바꿀 필요도 있습니다. 5분 남짓한 보고를 위해 열흘 넘게 문장을 다듬는 게 직장인의 글쓰기입니다. 슬프지만 한 번에 완벽한 문서를 작성하는 것은 현실에서 거의 불가능합니다.

저는 인공지능이 발달할수록 인간만의 글쓰기 능력이 더욱 중요해진다고 확신합니다. 일상의 결정적 순간을 포착하는 관찰력, 이야기를 짜임새 있게 설계하는 구성력, 상대방 반응에 맞춰 조율하는 유연성, 이런 능력들은 아직 인공지능이 흉내 내기 어려운 인간만의 영역입니다. 스탠드업 코미디에서 배운 이 3가지 기술을 몸에 익히고 직장인 글쓰기에 적용하면 여러분도 상사의 마음을 뒤흔드는 좋은 글을 써낼 수 있습니다.

회사 밖으로 확장되는
퍼스널 라이팅

Writer's Pick

작가들은 비록 명(命)은 짧지만
대신 은퇴라는 것을 모릅니다.
전직 작가라는 건 없습니다.
우리는 언제나 현역입니다.
많은 작가들이 임종을 앞둔 순간까지도 글을 쓰고,
심지어 다음 작품도 기획합니다.
지금 이 순간도 뭔가 쓰지 않고는 견딜 수가 없어서
책상 앞에 앉아 있는 이들이
분명히 있을 거라고 생각합니다.

– 김영하 《말하다》

회사 밖으로 나가는
슈퍼 직장인의 첫걸음

직장인들은 회사에서 수많은 글을 씁니다. 보고서, 이메일, 회의록, 프레젠테이션, 보도자료, 심지어 비전선언문과 건배사까지 직종과 직무에 따라 그 종류가 무척 다양합니다. 그런데 남을 위해서는 이렇게 많이 쓰면서, 정작 자신의 커리어 확장을 위한 글은 몇 년 동안 한 줄도 안 쓰는 게 대한민국 직장인들의 슬픈 현실입니다. 하지만 그렇게 나이만 먹다가 뒷방으로 밀려나도, 회사는 여러분을 가엾게 여기거나 책임져 주지 않습니다. 회사는 생각 이상으로 잔인합니다.

저는 경력 초반인 20대에 사보 기사와 아침방송 대본을 썼고, 30대에는 회장님의 자서전과 회사의 역사를 기술했고, 이후에는 보도자료를 작성했습니다. 지금은 취임사, 신년사, 환영사와 같은 온갖 종류의 CEO 말씀자료를 쓰고 있습니다. 나름대로 글쓰기로 밥 먹고 산다는 자존심이 있는데, 제가 올린 글이 박박 그어져 내려올 때마다 자존감이 바닥을 치곤 합니다. 전문성을 인정받지 못하고, 밥값도 못하는 것 같아 우울하고요.

내가 제대로 하고 있는지 몰라 불안할 때, 믿을 수 있는 동료와 선배의 조언이 절실할 때, 저는 그 외로운 순간마다 누군가를 만나 이야기하고 싶었습니다. 단순한 자기표현이나 일상공유, 과시가 아닌 동종업계의 소소한 고민을 나누고 단단한 인사이트를 나눌 소통이 필요했죠. 그런 제가 링크드인에 글을 쓰기 시작한 건, 아마도 우연은 아니었을 겁니다.

링크드인 글쓰기는
퍼스널 라이팅의 시작

회사에서 쌓은 경험을 회사 밖으로 확장하고 싶은 분들께 링크드인 글쓰기를 추천드리는 이유는 크게 3가지입니다.

첫째, 링크드인은 사용자의 직업, 직장, 경력, 주요성과, 자격증, 저서, 논문 등이 구체적으로 공개되어 있습니다. 실명 여부를 여권으로 인증할 정도입니다. 댓글과 피드백도 모두 실명으로 달리기 때문에 믿을 수 있고, 욕설과 악플이 거의 없습니다. 어떤 산업군에 속한 사람이 내 글을 읽었는지도 쉽게 확인할 수 있어, 글쓰기 주제나 톤앤매너를 효과적으로 조정하기에 유리합니다. 속된 말로 '민증 까고' 이야기하니까 모든 사용자들이 예의 바르고 진중합니다.

둘째, 링크드인은 '일'과 '회사' 중심입니다. 페이스북, 인스타그램, X(트위터) 등의 다른 SNS가 여러 가지 '일상'과 '감정'을 다양하게 공유하는 것과는 아주 큰 차이죠. 일잘러가 되고 싶은 직장인들이 자신과 같은 일을 하는 선후배들을 찾아 적극 교류하는 회사 밖의 직장인 네트워크입니다. 취준생이라면 아직 한 번도 경험해 보지 못한 산업군을 손쉽게 탐색할 수 있습니다.

셋째, 링크드인은 실질적인 연결과 성장의 기회를 만들어 줍니다. '페이스북의 현인賢人'으로 불리는 KT 신수정 부사장은 링크드인에서 '직장인 멘토'라는 퍼스널 브랜드를 구축하며, 커리어의 선한 영향력을 확대해 가고 있습니다. 저는 브런치와 링크드인에 '직장인 글쓰기'와 생성형 AI'를 섞은 칼럼을 정기적으로 올립니다. 그중에서 반응이 좋았던 내용들을 선별하고 발전시켜 가면서 이 책의 내용과 사례들을 조금 더 풍성하게 완성할 수 있었습니다.

링크드인 글쓰기 원칙, WIN

링크드인 글쓰기를 잘하려면 어떻게 해야 할까요? 제가 직접 실험하고 실행해 본 링크드인만의 글쓰기 요령은 3가지 정도입니다. 줄여서 'WIN' 세 글자만 기억하세요.

W	I	N
Write honestly	Integrate company insights	Network actively
진솔하게 쓰기	정보 통합하기	네트워크 확장하기

첫째, Write honestly. 자신이 가장 잘 아는 업무현장 이야

기를 최대한 진솔하게 적으세요. 멋지게 보이려고 폼을 내면 주변 선수들이 금방 알아챕니다. 책의 내용이나 무슨 사이트에 나옴직한 이야기는 피하세요. 그 대신 직장에서 실제로 마주친 생생한 에피소드, 그리고 거기서 얻은 자신만의 인사이트와 독특한 관점을 정리하세요. 회사 이야기라고 반드시 성공사례만 적을 필요는 없습니다. 실패와 좌절, 그리고 고민을 진솔하게 기록하면 독자들의 깊은 공감을 얻을 수 있습니다.

예를 들어 홍보인은 '홍반장'이라고 불리며 여기저기서 다채이고, 회사 안팎에서 욕만 먹기 일쑤입니다. 점심 때 기자들 만나 술 마시는 게 얼마나 고역인지도 모르면서 "회사 돈으로 좋은 것 먹고 다닌다"라는 모진 말만 듣죠. 스피치라이터는 남들 보기엔 여유롭게 글이나 쓰는 선비처럼 보이겠지만, 사실은 '감정 노가다꾼'이자 '글쓰는 자판기'의 처지입니다. 마케터는 기획, 디자인, 영업, VOC까지 몽땅 떠안는 '만능잡부'죠.

이처럼 어딘가 말하긴 애매하면서도 혼자 삭히자니 억울하고 은밀한 이런 지점들을 링크드인에서 예리하게 짚어내면, 동종업계는 물론 비슷한 경험을 하는 직장인들에게서 뼈 때리는 공감을 받을 수 있습니다. 회사 일이란 게 다른 것 같으면서도 비슷하거든요.

둘째, Integrate company insights. 회사와의 시너지를 키워야 합니다. 에너지업계에 근무한다면 '탄소중립과 에너지전환'과 같은 주제로 글을 쓸 수 있습니다. 화장품업계에 종사한다면 'K-뷰티의 경쟁력과 해외진출 트렌드'를 분석할 수도 있고요. 유통업계에 있다면 '라이프스타일 변화에 따른 소비자 분석'과 같은 업무 인사이트를 제시할 수 있을 겁니다.

귀찮더라도 매주 한두 편씩 자신의 경험을 정리해 보길 추천합니다. 속는 셈 치고 6개월만 꾸준히 쓰면 어느새 링크드인 내에서 특정분야 전문가로 자리매김할 수 있습니다. 꼭 어려운 칼럼이 아니어도 됩니다. 새로운 제도 도입, 프로젝트 성공, 회사의 성장과 같은 소소한 회사 소식을 꾸준히 공유만 해도 훌륭한 콘텐츠가 됩니다. 회사 입장에선 홍보할 수 있어 좋고, 개인 차원에선 존재감을 드러낼 수 있어 좋습니다. 제 오랜 친구인 문지형 이사는 대기업과 스타트업을 넘나드는 독특한 경력을 가지고 있는데, 2021년부터 상업용 종합부동산 서비스 알스퀘어RSQUARE에서 일하면서 회사 소식들을 매주 소개합니다. 주변에선 "이사님 덕분에 부동산 트렌드는 저절로 다 알게 됐어요"라는 말이 나올 정도인데, 그게 바로 존재감이고 브랜드입니다. 업무 일상을 꾸준히 올리는 것만으로도 충분합니다.

셋째, Network actively. 일기를 공개적으로 쓰고 싶은 게 아니라면 '댓글'과 '초대메모'를 잘 써서 업계 네트워크를 확장해야 합니다. 단순히 '좋아요'만 눌러선 부족하고 "저도 비슷한 경험이 있어요. 특히 이런 부분이 인상적이네요"와 같이 구체적인 피드백을 남겨서 상대방에게 더 의미 있는 인상을 심어주면 좋습니다. "이런 사례를 실제로 적용해 보신 경험이 있으신가요?"처럼 의미 있는 질문을 던져 상대방의 다음 댓글을 유도하면 더 좋고요.

'초대메모'는 1촌맺기를 할 때 스스로를 소개하는 짧은 글입니다. 관심있는 분야의 직장인에게 단순히 1촌신청만 하기보다 1촌의 어떤 글이 마음에 들었고, 왜 1촌이 되고 싶은지, 나는 당신에게 어떠한 도움을 줄 수 있는지와 같은 실용적인 이야기를 적어서 자신의 마음을 정중하게 알려보세요. 저는 제 동료인 스피치라이터를 만나면 너무나 반가워 동지애로 넙죽 인사를 날리고, 한 번쯤 경험해 보고 싶은 테크니컬라이터나 UX라이터를 만나면 호기심 섞인 하트를 매일 날립니다. 혹시 아나요, 이러다 새로운 길이 보일지도요. 기회는 그렇게 우연히 찾아오니까요.

이렇게 강력추천을 하는데도 링크드인 글쓰기를 아직 망설이는 분이 분명 계실 겁니다. '내가 쓰는 글을 회사에서 안 좋아하면 어떻게 하지?' '고작 10년 경험으로 내가 어떻게 업계를 대표할 수 있지?' '링크드인에 있는 전문가들이 내 글을 별로라고 생각하면 어떻게 하지?' 이런 걱정이 마구 솟구치는 겁니다.

하지만 이런 걱정이야말로 당신이 글을 써야 하는 이유입니다. 세상 모든 전문가들도 처음엔 망설이는 초보자였고, 그들도 처음부터 글을 잘 쓰지 않았을 테니까요. 링크드인에서 활동하는 많은 전문가들은 자신의 실수와 실패담을 오히려 적극 공유하면서 직장인의 공감과 신뢰를 얻고 있습니다. 링크드인은 이미 완성된 전문가보다, 전문가로서 성장하기 위해 애쓰는 여러분 같은 분들이 모이는 공간입니다.

링크드인 글쓰기는 당신의 커리어를 회사 밖으로 확장시키는 첫 번째 '퍼스널 라이팅'입니다. '회사의 여러 사람 중 하나'가 아니라 '업계의 유니크한 전문가'로 성장하고 싶다면 지금 바로 링크드인에 글을 쓰세요. 저도 지금 바로, 하나 더 쓰러 가겠습니다.

주식보다 글쓰기

글은 지식과 경험이 집약된
획득자산

2020년 3월 16일, 코스피와 코스닥이 수직낙하했던 그 날을 잊지 못합니다. 코로나19의 후폭풍으로 시작된 대폭락장 속에서 주식투자를 하지 않는 사람은 제 주변에 한 명도 없었습니다. 나만 벼락거지가 될까 봐 두렵다는 일종의 포모FOMO, Fear Of Missing Out 증후군이 나라 전체를 휩쓸었고, 대한민국 경제인구의 절반이 주식에 뛰어들었습니다.

고백하자면 저 역시 그 개미 중 한 명입니다. 주식은 사자마자 미친 듯 치솟았고, 잠시 떨어져도 다음날 폭등하는 바람에 정신을 못 차렸죠. 초심자의 행운에 취해서 연봉의 절반까지 투자금액을 늘렸습니다. 하루에 30% 상한가를 여러 번 경험했다가 한순간에 지구 끝까지 떨어져 아직도 늪에 빠져 있습니다.

그러던 어느 날 습관처럼 컴퓨터를 켰는데, 거기엔 주식에 빠져 쓰다 만 칼럼과 리뷰, 그리고 주식우울증을 잊으려 틈틈이 써온 단편소설과 에세이들이 저를 기다리고 있었습니다. '이왕 이렇게 된 거 피 터지게 달려온 개미들의 신음소리를 생생하게 써보자'라는 생각으로 소설《내일은 오를 거야, 제발》을 썼습니다. 이 책에는 화장실에서도 주식 창만 들여다보던 저의 피폐했던 일상이 묵은 상처처럼 고스란히 담겨 있죠.

글을 쓰다가 문득 깨달았습니다. 허공으로 흩어진 본전과 달리, 글은 여전히 제 콘텐츠 자산으로 계속 남아 있었다는 사실을…. 제가 주식으로 돈을 마구 날리는 동안에도 누군가는 제 글과 책을 읽고 강연을 제안했고, 직장인 글쓰기 칼럼들은 차곡차곡 쌓여 제 전문성을 증명해 주고 있었습니다.

글쓰기는 폭망이 없는 최고의 투자

그 후로 저는 주변 분들께 "글쓰기야말로 가장 안전하고 확실한 최고의 투자"라고 자주 이야기합니다. 그렇게 생각하는 이유는 다음과 같습니다.

첫째, 글쓰기는 시간과 경험이 쌓일수록 '가치'가 올라갑니다. 주식이나 코인처럼 절대 폭락하지 않습니다. 어떤 불황이와도, 시장이 마구 흔들려도 한 번 갖춰 놓은 글쓰기 실력은 누가 빼앗아갈 수 없고, 써둔 글이 사라지지도 않습니다. 블로그에 잘 쓴 글 하나가 몇 년 뒤에도 검색되어 새로운 독자를 만들기도 합니다. 출간된 책은 시간이 지나도 꾸준히 판매됩니다.

둘째, 글쓰기의 가치는 '복리'로 불어납니다. 회사에서 인정받는 글쓰기는 승진과 연봉 상승으로 이어지고, 블로그나 브런치 같은 플랫폼에서의 글쓰기는 부업이 됩니다. 실력이 차고 운까지 좋으면 그동안 쓴 글들을 모아 출판의 기회를 얻을 수도 있고요. 하나의 글이 다음 글의 씨앗이 되어 끊임없이 더 큰 기회를 만들어 내니, 이게 바로 복리의 마법 아닌지요.

셋째, 글쓰기는 '획득자산acquired assets'입니다. 부모로부터 물려받는 '세습자산assets by descent'이나 벼락처럼 로또를 맞는 '불로소득Unearned income'과는 달리, 오직 자신의 노력으로 만들어 낸 값진 자산입니다. 글은 누구도 대신 써줄 수 없습니다. 편법이나 지름길이 없고 정직합니다.

글쓰기 플랫폼에
올라타라

글쓰기 자산을 만들어 가는 대표적 플랫폼은 '카카오 브런치'입니다. 네이버 블로그 같은 개방형 플랫폼과 달리, 브런치는 일정 수준 이상의 글쓰기 실력을 검증하는 폐쇄형 플랫폼인데 나름의 깐깐한 심사과정이 있습니다. 3수, 4수를 하는 경우도 종종 있을 만큼 꽤 까다롭죠. 하지만 그만큼 글의 질이 보장되고, 독자들의 신뢰도 얻을 수 있습니다. 매년 연말 '브런치북 프로젝트'를 통해 출판의 기회도 제공합니다.

저는 2018년부터 브런치에서 〈한남동은 너를 못 잊어〉〈맞춤법은 쉽다〉〈회사에서 글을 씁니다〉〈에너지 읽어주는 남자〉라는 4개의 매거진을 발행하고 있습니다. 총 230여 편의 글을 써서 누적 24만 회의 조회 수를 기록했죠. 매주 수요일을 발행일로 정해 글을 쓰느라 밤을 새운 적도 있습니다. "뭘 그렇게까지 열심히 하냐"고 묻는 분들도 있지만, 누군가 절 기다린다고 생각하면 약속을 지키고 싶어집니다. 또 일단 시작하면 그만한 가치와 재미가 있습니다. 저의 올해 버킷리스트는 브런치 구독자 1,000명을 채우는 겁니다.

브런치 활동을 열심히 한 덕분인지 포털에서 '정태일'을 검색하면 여러 동명이인 중 제 이름이 맨 앞에 나옵니다. 예전에는 모 기업의 대표이사님, 모 일간지의 기자님이 먼저 나왔는데, 요새는 제가 조금 앞서갑니다. 앞자리 경쟁이 점점 치열해지고 있어서 오늘은 어떨지 모르지만요.

이것 말고도 예전엔 '스피치라이터'라고 검색하면 강원국 작가님이 화면을 도배했지만, 어느 순간부터 작은 틈 사이에서 제 콘텐츠와 사진이 조금씩 보이기 시작했습니다. 브런치에서 꾸준히 글을 쓰고, 몇 권의 책을 출간하고, 운 좋게 인터뷰를 해온 결과입니다.

저뿐 아니라 실제로 글쓰기를 통해 인생의 전환점을 맞은 직장인들이 우리 주변에는 꽤 많습니다. 무려 100쇄를 넘겼다는 《90년생이 온다》의 임홍택 작가는 CJ그룹에서 12년간 근무하며 신입사원 입문교육, 브랜드 마케팅, VOC 분석 등의 업무를 담당해 온 과장이었습니다. 그는 90년대생 신입사원과의 소통에서 느낀 세대차이를 관찰하고 분석해 브런치에 연재했고, 그 내용을 모아 책을 펴냈죠.

스타트업 마케터로 일하며 다섯 번 퇴사를 한 정혜윤 작가의 《퇴사는 여행》도 브런치 플랫폼에서 연재한 '나의 퇴사 여정기'를 기반으로 출간된 사례입니다. 그녀는 디지털 노마드로서의 삶을 책 속에 진솔하게 담아냈습니다.

생각보다 다양한 분야에서, 생각보다 많은 평범한 직장인들이 자신의 업무경험과 전문성을 글로 풀어내며 새로운 기회를 만들어 내고 있습니다. 글쓰기는 더 이상 단순한 개인적 기록이 아니라 '퍼스널 브랜딩'의 핵심이자 '정말로 돈이 되는 콘텐츠 자산'이 되고 있다는 뜻입니다.

이제부턴 가능성이 낮은 코인과 주식에 목숨 걸지 말고, 회사 안팎에서 쌓아온 전문성과 경험을 글로 써보세요. 주식은 95%가 쪽박이지만, 글쓰기는 95%가 살아남습니다.

퇴근 후에 쓰는
진짜 회사 이야기

　직장인 글쓰기의 꽃은 '책'입니다. 막상 쓰고 싶어도 어떤 주제를 써야 할지 막막하다면 그 답은 '회사'에 있습니다. 홍보, 마케팅, 디자인, 영업, 회계, 법무, 건축, 부동산, 엔지니어 등 자신의 업무 전문성과 경험을 진솔하게 담으면 승산이 있습니다.

　하지만 직장인이 하루의 절반을 쏟아붓는 익숙한 공간을 떠나 상상력과 감성으로 글을 쓰려고 하면 시작부터 벽에 부딪힐 가능성이 큽니다. 보통의 직장인은 글쓰기를 직업으로 하는 교수, 기자, 시인, 소설가와 경쟁할 수 없습니다.

　그렇다고 기죽을 필요는 없습니다. 서점에서 잘 팔린다는 책

몇 권을 연달아 읽다 보면 '이딴 건 나도 쓰겠다'라는 생각이 불쑥 들 때가 있을 겁니다. 그건 좋은 신호입니다. 쓰고 싶은 내용과 자기가 겪어온 일들이 머리와 가슴속에서 일종의 화학반응을 일으키는 겁니다. 제가 아는 직장인 작가들은 대부분 이런 식으로 가볍게 시작해 오기와 집념으로 끝까지 써내려 간 상위 5%의 독한 사람들입니다.

책 속에서 훔쳐 오고 싶은 좋은 구절이 있으면 몽땅 적어 놓았다가 자신만의 표현으로 바꾸는 연습을 해보세요. "그건 표절 아닌가요?"라고 묻는 분도 계시겠지만, 그렇지 않습니다. 김영하 작가도 이런 말을 했습니다.

"어떤 의미에서 작가들은 자기가 읽은 책에 대해 다시 쓰고 있는 것일 수도 있고, 아니면 읽었지만 100% 동의할 수 없었던 것에 대해서 자기 나름의 응답을 하는 것일 수도 있다."

이처럼 남의 표현을 참고하되, 거기에 나의 경험과 생각을 더하고 녹여서 다시 쓰면 그건 '새로운 나의 글'이 됩니다. 하늘 아래 새로운 생각과 문장은 없죠.

책쓰기의 첫 단계,
출판기획서 작성

　책의 주제를 정하고 경쟁도서를 분석했다면 이젠 '출판기획서'를 작성할 차례입니다. 출판기획서는 일종의 '상품소개서'이자 '설계도'입니다. 스타트업으로 치면 '투자제안서'라고 할 수도 있습니다. 내 책만의 특별한 점이 무엇인지, 경쟁도서와는 무엇이 같고 다른지, 왜 지금 이 책을 내야 하는지를 적어서 '최초의 독자'인 편집자를 설득하는 글입니다.

　책을 쓰는 과정은 취업과 비슷합니다. 이력서에 지원동기, 지원분야, 입사 후 포부, 업무역량 같은 것들을 쓰는 것처럼, 출판기획서에는 가假제목(부제), 기획의도, 가假목차, 작가 소개, 예상독자, 시장분석 등을 필수로 넣습니다. 가상의 질문을 만들어서 대답하는 것처럼 출판기획서를 작성하세요. 이력서와 자기소개서가 부실하면 면접을 볼 수 없는 것처럼, 출판기획서가 부실하면 편집자를 만날 수 없습니다.

챗GPT를 활용한
출판기획서 작성법

출판기획서를 꽉 채워 넣는 건 생각보다 어렵습니다. 기획서도 일종의 보고서이기 때문에 내용만큼 '형식'을 갖추는 것도 쉽지 않고요. 그래서 인터넷에선 출판기획서를 5~10만 원에 팔기도 합니다. 출판기획서 작성대행 서비스는 100만 원까지 하고요. 황당하지만 사실입니다.

운 좋게도 이 책을 읽는 독자님들은 인터넷을 뒤져 큰돈을 낼 필요가 없습니다. 제가 만든 프롬프트에 [　]만 충실하게 채우면 꽤 괜찮은 출판기획서 초안을 만들 수 있으니까요.

[출판기획서 작성을 위한 프롬프트 예시]

> **1. Actor (역할)**
> 너는 [천그루숲] 출판사의 20년 차 출판편집자야. [베스트셀러1], [베스트셀러2] 등을 기획했고, [인문, 경영, 자기계발] 분야에서 여러 책을 만들어 왔어. 이번에는 [책의 주제]를 다룬 책을 기획하려고 해.
>
> **2. Context (맥락)**
> 이 책의 저자는 [저자명]이고, [저자의 배경/직업]이야. 주요독자는 [이

런 사람]이며, 그들에게 [핵심메시지]를 전달하는 게 목표야. 저자는 자신의 [경험/전문성]을 바탕으로 [대상 독자]에게 도움이 되는 내용과 인사이트를 제공할 거야. 문체는 [편안한 대화체, 진솔한 조언, 날카로운 분석 등]으로 진행해 줘.

3. Task (작업)

아래 순서대로 단계적으로 구성해 줘.

① 제목(가제목) : 최근 2년간 출간된 동종 분야의 책 제목 트렌드를 반영해서 주목성 높은 제목 5개를 제안해 줘.

② 책 소개(특장점) : 주제와 핵심메시지를 3~5문장으로 간결하게 정리해 줘. 기존 도서와 차별화되는 강점을 반드시 포함해 줘.

③ 저자 소개 : 저자의 경력, 전문성, 집필동기를 3~5문장으로 요약해 줘. 독자들이 신뢰할 수 있도록 저자의 권위와 성과를 보여 줘.

④ 유사 및 경쟁도서 분석 : 교보문고, YES24 등에서 최근 2년간 출간된 관련 도서를 3~5권 찾아 간략히 분석해 줘. 각 도서의 강점과 한계를 비교해서, 이 책이 차별화될 수 있는 포인트를 정리해 줘. 이 부분이 가장 중요하기 때문에 심층분석해 줘.

⑤ 예상 독자 : 어떤 독자층을 대상으로 하는지 구체적으로 서술해 줘. 연령대, 직업, 관심사 등을 포함하고, 메인과 서브로 구분해 줘.

⑥ 가목차 : 5~7개의 주요 챕터를 나누고, 각 챕터의 세부내용을 간략히 설명해 줘. 목차의 논리적 흐름이 가장 중요해.

4. Sample & Style (예시 및 문체)

위 6가지 요소에 맞춰 내용을 논리적으로 정리하고, 실질적인 출판기획서의 형태로 작성해 줘.

위의 프롬프트를 활용해 출판기획서를 완성했다면 출판사에 '나 여기 있어요!'라고 이메일을 보낼 차례입니다. 하지만 슬프게도 70% 정도는 '귀하의 소중한 원고를 잘 읽어 봤지만 저희 출판사와는 맞지 않습니다'라는 사무적인 답변을 받게 됩니다. 25%는 아무런 답변조차 못 받고요. 출판사 미팅으로 이어지는 건 5% 남짓입니다. 하지만 너무 실망하지 말고 계속 도전하세요. 이제 막 시작했을 뿐이니까요.

이런 모든 과정을 거쳐 여러분도 첫 책을 내면 감격에 겨워 자신의 책 이름을 매일 검색해 볼지도 모릅니다. 저는 2008년에 첫 책을 내고 퇴근 후 매일 광화문 교보문고에 들렀습니다. 누가 내 책을 사는지 궁금해 미칠 지경이었거든요.

그런데 막상 책을 출간하면 회사 동료와 선후배들이 박수치고 응원해 줄 것 같지만, 현실은 정반대일 수도 있습니다. "일은 안 하고, 책이나 쓴 거 아니야?"라는 억울한 뒷말이 나오기도 하고, "책 한 권 달라!"는 요청이 끊이지 않습니다. 심지어 "책 내는 데 얼마 들었냐?" "읽어 봐도 별 것 없던데?"라는 엉뚱하고 악의적인 질문도 종종 받습니다. 제 주변에만 이런 분들이 많은 건 아닐 겁니다.

하지만 너무 스트레스 받지 마세요. 불안하고 질투가 나서 그런 거라고 가볍게 이해하면 됩니다. 자기는 회사 일만 하기도 벅찬데, 자신과 똑같아 보였던 동료가 무언가를 꾸준히 준비하고 실행했다고 하니 '나는 뭐지? 여긴 어디?'라는 조바심이 나는 겁니다. 자기는 '여러 회사원 중 한 명'으로 사는데, 다른 사람은 똑같은 경험을 하고도 책을 써서 '특별한 한 명'으로 살려고 노력하는 게 막연히 싫은 겁니다. 질투할 시간에 자기도 그만큼 노력을 하면 되는데 말이죠.

직장인이 책을 쓰는 건 사실 쉬운 일이 아닙니다. 저는 회사 생활이 힘들고 버거울 때마다, 가끔씩 자존감이 바닥을 내려칠 때마다 제가 쓴 책을 읽고 남몰래 위로 받습니다. '내가 이런 글을 썼어?'라며 가끔은 스스로 깜짝 놀랍니다. 제 책에 달린 이름 모를 독자들의 리뷰를 몇 번씩 읽으며 새로운 희망을 가져보기도 합니다. 여러분의 리뷰도 꼭 찾아볼 거고요.

생성형 AI의 발달로 글을 더 쉽게 쓸 수 있는 시대가 되었습니다. 하지만 '고유한 경험'이 체계적으로 담긴 '지적재산권'으로서의 책의 가치는 점점 더 올라가고 있습니다. 지금 안 쓰면 영원히 못 씁니다. 여러분의 특별한 경험들이 허공으로 사라집니다. 망설이지 말고, 지금 바로 저와 함께 시작하세요.

나만의 GPTs

글쓰기 AI 비서를
길들이는 방법

여기까지 잘 따라오신 독자님들이라면 'GPTs'를 만들 자격이 충분합니다. GPTs는 BOOKs, FRIENDs처럼 GPT의 복수형Plural인데 '여러 개의 맞춤형 GPT들'을 통칭하는 개념입니다.

쉽게 말해 모두에게 제공되는 범용汎用 생성형 AI를 활용해 '수학공부 GPT' '요리 GPT' '음악 GPT' '글쓰기 GPT' 이런 식으로 각자의 목적과 필요대로 얼마든지 만들어 낼 수 있습니다. 이건 마치 똑같은 블로그, 유튜브 플랫폼 위에서 수만 개의 블로그와 유튜브가 만들어지는 것과 비슷한 개념입니다. 아니, 그 이상이죠.

길들인다는 것,
나를 잘 아는 GPTs

챗GPT와 GPTs의 개념 차이를 쉽게 설명드리려고 며칠을 고민하다 생텍쥐페리의 소설《어린 왕자》를 우연히 집어 들었습니다. 그런데 놀랍게도 어린 왕자와 사막여우의 대화를 읽다가 그 안에서 해답을 찾았습니다. 간절히 찾으면 보입니다.

"길들인다는 게 뭐지?"
"관계를 만든다는 뜻이야."
"관계를 만든다고?"
"그래, 넌 지금 나에게 보통의 어린애야. 나도 너에게 여러 사막여우 중 하나일 뿐이지. 하지만 네가 나를 길들인다면 우리는 서로에게 특별한 소년과 여우가 되지. … (중략) … 네가 오후 4시에 온다면, 나는 3시부터 행복해지기 시작할 거야."

한마디로 챗GPT는 어린 왕자가 처음 마주친 '보통의 여우'라고 할 수 있습니다. 똑똑하긴 한데 이야기를 오래 기억하지 못하고, 매번 여러분을 새로운 사람처럼 시큰둥하게 대합니다.

뭔가를 요청할 때마다 여러분의 취향, 직업, 일하는 방식, 말투 등 여러 가지를 처음부터 다시 설명해야 합니다.

GPTs는 '정성을 들여 길들인 특별한 여우'에 비유할 수 있습니다. 오랜 상호작용을 통해 여러분만의 작업 패턴, 선호도, 심지어 사는 곳, 며칠 전에 본 영화, 그리고 말습관까지 학습하고 있습니다. 챗GPT가 다방면에 능통한 '기본형 AI'라면, GPTs는 사용자의 목적을 위해 특별히 만들어진 '맞춤형 AI'입니다.

GPTs를 꼭 만들어야 하는 3가지 이유

GPTs의 's'는 문법적 기능을 하는 단순한 소문자가 아니라, 3가지의 독특한 관점으로 확장될 수 있습니다. 바로 이런 이유 때문에 여러분은 GPTs를 꼭 만드셔야 합니다.

첫째, 시스템system입니다. 챗GPT와 달리 GPTs는 사용자의 맥락을 학습해 개인화 서비스를 제공하는 별도의 체계를 갖추고 있습니다. 사용자가 입력했던 수많은 내용과 기존 출력 결과를 이해하고 있으니, 똑같은 설명이나 지침을 군이 반복하지 않고도 본론으로 바로 들어갈 수 있죠. 마치 주치의가 환자의 의료 기록을 모두 알고 있어 더 정확한 진단을 내리는 것과 같습니다.

둘째, 보다 전문적인Specialized 답변을 제공합니다. 예를 들어 잘 훈련된 '법률문서 GPTs'는 그렇지 않은 일반형 챗GPT에 비해 법적 구조, 판례 인용 방식, 적절한 법적 논증구조까지 심도 깊게 이해하고 있기 때문에 전문가 수준의 문서 작성을 도울 수 있습니다.

셋째, 상점Store에서 거래하며 새로운 수익을 창출할 수 있습니다. 2025년 4월 기준으로 아직까진 OpenAI가 유료 구독모델이나 직접판매 기능을 제공하지 않고 있지만, GPTs 생태계의 활성화 차원에서 머잖아 GPT Store를 활용한 수익모델이 도입될 것이란 관측이 계속 나오고 있습니다. 앞으로는 개인 맞춤형 AI 운영이 블로그 수익이나 유튜브 크리에이터처럼 하나의 직업이 될 수도 있고요.

나만의 GPTs를 만들기 전에 다른 사람들이 만들어 공개한 GPTs를 확인하려면 왼쪽 메뉴 아래쪽의 'GPT 탐색(Explore)' 버튼을 눌러줍니다. 글쓰기, 생산성, 교육, 라이프스타일, 프로그래밍 등 여러 카테고리가 구분되어 있고, 최상위 항목들은 위에 올라와 있죠.

'직장인 글쓰기' '연설문' '보도자료' 등의 키워드로 검색하면 제가 만든 GPTs도 나옵니다. 지금까지 이 책에서 설명드린 모든 프롬프트를 비롯해 직장인 글쓰기에 대한 저의 경험과 지식이 디지털 자산으로 학습되어 있죠. 한 번 구경 오세요.

GPT

지시 사항이나 지식 보강은 물론, 온갖 스킬을 다양하게 조합한 ChatGPT의 맞춤형 버전을 탐색하고 만들어 보세요.

🔍 직장인 글쓰기|

모두

직장인의 글쓰기, 보도자료부터 연설문까지 밀착코칭
이메일, 보고서 제안서 연설문, 내책쓰기까지, 직장인들이 원하고 회사에서 진짜 ...
작성자: 더청유제이마케팅그룹 · ⚙ 1K+

보고서 작성 헬퍼
보고서 작성(개조식 글쓰기) 도우미 for K-직장인
작성자: 윤석진 · ⚙ 80+

블로그 포스팅보다 간단한
'나만의 GPTs' 만들기

일단 방금 전 설명드린 'GPT 탐색(Explore)' 버튼을 클릭하고 바로 옆 '만들기(Create)'를 누르면 다음과 같은 화면이 나옵니다. 이력서를 쓰듯 빈칸을 차곡차곡 채우면 쉽게 완성되죠. '구성(Configure)'을 눌러 항목을 하나씩 직접 입력할 수 있고,

GPT와 대화하는 것만으로도 내용을 저절로 채울 수 있습니다. 복잡해 보여도 막상 해보면 저절로 다 하게 됩니다.

[GPTs의 주요 구성요소]

1. **프로필 사진** : 원하는 사진을 업로드 또는 DALL·E를 활용해 이름, 설명, 지침에 맞는 이미지 자동 생성
2. **이름/설명** : GPTs 용도에 맞게 직관적 이름과 간략한 소개
3. **지침(기본 프롬프트)** : GPTs의 핵심, 역할, 규칙, 맥락, 출력형식 등을 사전에 학습 (ex : 비즈니스 문서 작성 GPT라면 '보고서, 기획서, 연설문 작성을 도와주는 AI'에 적합한 세부 가이드 입력)
4. **대화 스타터** : 처음 이용하는 사용자가 어떤 질문을 입력하면 좋을지 안내하는 예시 질문 (ex : 효율적 보고서를 작성하는 법은? 회의록을 빠르게 정리해 줄 수 있어?)
5. **지식** : GPTs가 1차적으로 참고할 문서 (ex : 글쓰기 원칙, 연설문 모음집, 2025년 전망보고서 등)
6. **기능** : 웹 검색, 캔버스(글쓰기 교정), DALL·E 이미지 생성 등 추가작업 가능 여부 체크박스
7. **작업** : 특정 외부 서비스 연동 고급 설정

이 중에서 GPTs 설계의 핵심은 '지침(Instructions)'입니다. 이걸 어떻게 입력하느냐에 따라 GPTs의 성격과 역량이 결정되거든요. '마케팅 GPTs'를 만든다면 다음과 같이 간략히 정리할 수 있습니다.

[마케팅 보조 GPTs의 지침 예시]

1. Action (역할)
브랜드 전략 및 콘텐츠 마케팅 전문가로서 효과적인 광고·캠페인 메시지 제작. 소비자 중심의 카피라이팅과 마케팅 기획 지원

2. Context (맥락)
소비자의 관심을 유도하고 브랜드 인지도를 높이는 것이 핵심. 각종 디지털 마케팅 채널에 최적화된 콘텐츠 필요

3. Task (작업)
짧고 강렬한 광고 카피 작성. 브랜드 아이덴티티에 맞춘 톤앤매너 유지. SEO와 CTA(Call-To-Action) 반영하여 전환율 극대화. 데이터 기반 A/B 테스트용 메시지 제안

4. Sample & Style (예시 및 문체)
직관적, 감성적, 설득력 있는 톤 (ex : "3초 만에 끝나는 피부 보습! XX 크림으로 변화를 경험하세요" "단 7일 만에 매출 2배! 지금 무료로 상담받기")

또한 '지식' 부분에 어떤 파일을 업로드하느냐에 따라 GPTs의 특징과 전문성이 강조됩니다. '패션 브랜드의 마케팅 GPTs'를 만든다면, 해당 브랜드의 과거 광고 캠페인, 고객 리뷰, 경쟁사 리포트 등을 업로드할 수 있습니다. 이렇게 하면 GPTs는 브랜드의 고유한 톤앤매너를 학습하고, 소비자 반응이 좋았던 표현방식이나 효과적인 광고 메시지 패턴을 분석하여 더욱 정교한 카피를 생성할 수 있죠. 무슨 데이터와 맥락을 주느냐에 따라 GPTs의 출력물 수준과 일관성이 완전히 달라집니다. 여기까지 다 하셨다면 '나만 보기' '링크가 있는 모든 사람' 'GPT 스토어' 중 하나를 선택하면 됩니다.

앞으로 GPTs의 개인화된 전문 서비스는 점점 더 발달할 겁니다. 네이버 지식인이나 100만 유튜버가 되는 건 이미 늦었지만, GPTs의 운영자가 되는 건 지금 시작되고 있습니다. 지금 바로 여러분만의 첫 GPTs를 만들어 보세요. 처음엔 간단히 시작해서 점차 발전시켜 나가는 것이 좋습니다.

쉽게 잘 쓰고 싶은 직장인의 욕심을 응원합니다

가끔 도서관, 학교, 기관, 기업체로 '직장인 글쓰기' 특강을 나갈 때가 있습니다. 저 같은 월급쟁이 작가를 어떻게 알고 연락들을 주시는지 감사하고 놀랄 따름입니다. 2시간 강의를 위해 1주일 전부터, 가끔은 보름 넘게 준비를 합니다. 물론 그 과정이 힘들고 피곤할 때도 있지만, 막상 나가보면 오길 참 잘했다는 생각이 듭니다.

우선 제 강의를 들으러 그 많은 분들이 모였다는 게 신기하고 감사합니다. 작게는 10명, 많게는 100명이 넘는 분들이 두 눈을 반짝이며 모여 계시는데, 취준생과 신입사원부터 대기업

C-레벨 임원과 퇴직을 앞둔 교장선생님까지 다양합니다.

우연히 도서관에 들렀다가 제 강의에 들어오신 분도 더러 있습니다. 회사에서 샌드위치를 준다기에 왔다가 붙잡혀 특강을 듣는 분도 여럿이고요. 팀장이 시켜서 억지로 들어온 분들도 있겠지요. 어떻게 오셨든, 모두 환영할 뿐입니다.

"안녕하세요, 글쓰는 여행자 정태일입니다."

저는 강의 첫마디를 이렇게 시작하는데, 청중들과 눈을 마주칠 때마다 심장이 쿵쿵 뜁니다. 이어서 '스피치라이터'라는 제 낯설고도 험한 직업을 소개하고, 저 역시 여러분과 같은 직장인이라는 사실을 밝히면 감사하게도 몇 분이 관심을 가져 주십니다.

강의가 끝나면 주제와 관련해 이런 질문도 종종 받습니다. "회사에서 글을 잘 쓰려면 어떻게 해야 돼요?" "하루에 글은 몇 시간쯤 쓰세요?" "회사에서 쓰는 글과 밖에서 쓰는 글은 뭐가 달라요?" "회사 다니면서 어떻게 책을 6권이나 썼어요?"

가끔은 이런 개인정보형 질문도 있습니다. "스피치라이터를 하려면 뭘 전공해야 돼요?" "요즘 읽고 계신 책은 뭐예요?" "그러면 사장님하고 친하세요?" "퇴근하고도 매일 쓰는 거 안 지겨워요?"

과분한 관심과 여러 질문에 대해 그때마다 최대한 자세하고 실용적인 답변을 해드리려고 노력하지만, 현실은 전혀 그렇지 못해 답답했습니다. 카리스마를 풍기기는커녕 엉뚱한 답변만 잔뜩 하고 온 날에는 집에 와서 이불킥을 하기도 합니다.

그런데 언젠가부터 "혹시 챗GPT 하세요?"라는 질문이 점점 늘어나기 시작했습니다. "아직"이라는 답을 계속 꺼내기가 민망해 2023년 중반부터 챗GPT를 사용하기 시작했는데 지금은 완전히 푹 빠졌습니다. 심지어 맞춤형 GPTs를 제작해 공개하고, 퍼플렉시티와 클로드까지 유료구독하면서 내친김에 '프롬프트 엔지니어' 1급 자격증까지 땄습니다.

말보다 글이 편한 저는, 그 질문들에 대한 뒤늦은 대답과 성장의 결과들을 차곡차곡 모아 이 책에 담았습니다. 새롭게 만날 소중한 독자님들을 상상하면서 회사 도서관 구석에서 점심을 밥 먹듯 거르며 글을 썼고, 퇴근하면 자정을 넘기기 일쑤였습니다. 명절 연휴는 하루 중 6시간 이상 글을 쓸 수 있는 귀한 시간이었고, 그걸로 부족하면 연차를 내고 집이나 회사 앞 카페에서 쓰고 또 썼습니다.

회사에서 글을 쓰며 20년 남짓 밥을 먹었고, 글 때문에 울고 웃어도 봤습니다. 그래서 저는 쉽고 빠르게 잘 쓰고 싶은 직장인의 마음을 누구보다 잘 알고 있습니다. 자기소개서를 못 써서 한숨 쉬는 취업준비생, 보고서 마감을 앞두고 괴로워하는 오 대리님, 내일 멋지게 한 말씀 하려고 골치가 아픈 김 팀장님과 박 상무님께 이 책이 분명 큰 도움이 되리라 생각합니다.

욕심을 조금 더 낸다면, 각자의 일터에서 자신만의 전문성과 경험을 그러모아 한 편의 책을 써내는 월급쟁이 작가들이 더 많이 나오면 좋겠습니다. 저는 이 책을 읽고 회사에서 달라질 여러분의 모습과 퇴근 후에 써낼 책이 정말 궁금합니다. 이 책을 구입해 주신 사랑스러운 독자님의 글쓰기를 응원하고 또 응원합니다. 저는 독자님만 믿고, 오늘도 계속 쓰겠습니다.

글쓰는 여행자, 정태일

남보다 빨리 퇴근하고 먼저 승진하는 AI 글쓰기 전략

업무시간을 반으로 줄이는 챗GPT 글쓰기

초판 1쇄 발행 2025년 4월 10일
초판 2쇄 발행 2025년 5월 20일

지은이 정태일
펴낸이 백광옥
펴낸곳 ㈜천그루숲
등 록 2016년 8월 24일 제2016-000049호

주소 서울시 동작구 동작대로29길 119
전화 0507-0177-7438 **팩스** 050-4022-0784 **카카오톡** 천그루숲
이메일 ilove784@gmail.com

기획/마케팅 백지수
인쇄 예림인쇄 **제책** 예림바인딩

ISBN 979-11-93000-71-7 (13320) 종이책
ISBN 979-11-93000-72-4 (15320) 전자책

저작권자 ⓒ 정태일, 2025
이 책의 저작권은 저자에게 있습니다. 서면에 의한 저자의 허락 없이
내용의 일부를 인용하거나 발췌하는 것을 금합니다.

• 책값은 뒤표지에 있습니다.
• 잘못 만들어진 책은 구입하신 서점에서 교환해 드립니다.
• 저자와의 협의하에 인지는 생략합니다.